T0161690

LA MORALE

ET

SA PHILOSOPHIE

DU MÊME AUTEUR

Lou Andreas Salomé, *Création de Dieu*, traduction et postface, Paris, Maren Sell, 1991.

La philosophie politique, Paris, Flammarion, 1996.

Socrate et le socratisme, Paris, Armand Colin, 1999.

Socrate et Jésus, Paris, Le Pommier-Fayard, 1999.

Sur les chemins de la vérité, Paris, Le Pommier-Fayard, 1999.

BIBLIOTHÈQUE D'HISTOIRE DE LA PHILOSOPHIE

Fondateur : Henri GOUHIER   Directeur : Jean-François COURTINE

Anne BAUDART

LA MORALE

ET

SA PHILOSOPHIE

Deuxième édition augmentée

PARIS

LIBRAIRIE PHILOSOPHIQUE J. VRIN

6, Place de la Sorbonne, V^e

2004

Ce livre a obtenu en 1998
le Prix Moron de l'Académie française

© *Librairie Philosophique J. VRIN,* 2004
pour la présente édition
ISBN 2-7116-1720-3

Imprimé en France

www.vrin.fr

PREMIÈRE PARTIE

LES BÂTISSEURS DE MORALE

INTRODUCTION

Se conjuguent, de nos jours, dans la dissonance d'une apparente contradiction, les discours légitimant la nécessité impérative d'un « retour » de la morale dans les sphères éducatives, à tout le moins, et les autres, attentifs mais émettant une certaine réserve sur ce soudain regain d'intérêt. La morale désignerait-elle ainsi un objet, par essence polémique, suscitant à la fois attraction et méfiance, admiration et crainte, et générateur d'attitudes ambivalentes ? Il faut – entend-on pourtant de la part des politiques ou de ceux qui ont des responsabilités en matière d'éducation – apprendre ou réapprendre aux enfants les valeurs du bien et du mal, du permis et du défendu qu'ils semblent, pour la plupart, méconnaître ou ignorer.

Morale, instruction civique, éducation à la citoyenneté, constituent des centres renouvelés d'intérêt et d'étude dans les cabinets des doctes, experts en matière d'instruction de la jeunesse ou de gouvernement des États. Nulle formation authentique ne peut, en effet, faire l'économie d'une réflexion sur les valeurs, les principes, les normes directrices, les fondements d'un vivre-ensemble harmonieux, orienté par le souci du bien commun, du bonheur privé et public, d'un ordre social visant à instaurer plus de justice que d'injustice, plus d'égalité que d'inégalité, et soucieux de rendre possible l'exercice difficile d'une liberté réglée. Il n'est pas de morale qui ne touche au politique, même si les registres peuvent et doivent être, pour l'analyse, départagés.

La confusion règne dans les esprits et les discours. Elle affaiblit et altère le sens des mots. L'on aime à brandir la référence à l'éthique, en tous lieux et jusque dans les finances ou les affaires. Qui ne rêve, par exemple, de participer ou de siéger à l'un de ses comités ? Le « tout-éthique » annonce, sans doute, outre la dilution du vocable, l'évanescence et la vacuité sémantiques, la perte – par brouillage – de l'aire, de la délimitation claire et distincte d'un territoire. Par delà les questions de mode et les séductions fallacieuses de l'immédiat, un retour sur la notion de morale et ses corollaires, ne peut, semble-t-il, qu'aider à mieux comprendre une fin de siècle en mal de sens, de valeurs, de points de repère stables, désireuse malgré tout d'universel.

Si Littré désignait par morale, l'ensemble des règles pratiques – celles qui doivent diriger l'activité libre de l'homme –, par éthique, la science de la morale, il semble qu'à maints égards, une inversion sémantique se soit produite et renvoie l'éthique du côté des règles pratiques et la morale du côté de l'*a priori*, de l'universel nécessairement abstrait, si l'on veut qu'il fonde et donne la règle normative des comportements. Inversion ou complémentarité, rencontre de deux sphères qui s'informent ou devraient s'informer mutuellement ? L'on gagnera beaucoup à convoquer la philosophie kantienne qui voit dans l'éthique ou la philosophie morale, la discipline qui traite des lois de la liberté, par opposition à la physique qui traite des lois de la nature. Il n'est pas question non plus, dans cette perspective, de réduire le champ de l'éthique ou de la philosophie morale au sociologique, aux lois conjoncturelles et variables de la société du moment, à l'impératif du marché ou de la mode.

Un dessein d'universalité et d'inactualité – au sens de dépassement de l'époque – animera cette réflexion en ses axes directeurs. La morale est cherchée du côté de ce qui donne la loi à des personnes libres et consentant librement à la règle commune. Science de l'action, attachée à prescrire et à unir des êtres enclins autrement à se déchirer, se haïr, se combattre pour des enjeux de lutte, de puissance ou de prestige symbolique ou réel, elle permet de dépasser la naturelle et perfide « sociable insociabilité », de construire un monde qui, sans elle, ne verrait pas le jour ou resterait inscrit au ciel des utopies.

Bien comprise, elle peut éviter les dérives que, déjà Tocqueville avait prédites pour nos modernes démocraties. Comment le culte de l'individualité, la culture de l'atomisme social, du repli sur soi peut-il coexister harmonieusement, durablement, avec la visée du bien commun, du partage des tâches de travail ou de loisir, avec le sens de la responsabilité individuelle et collective qui devrait animer tout membre d'une communauté politique ? Comment concilier et tisser ensemble – sans céder à la tentation mortifère de leur juxtaposition – les valeurs de liberté et d'égalité ? Comment concourir à unir le respect de l'individualité et la nécessaire socialité qui nous structure, nous fait être et devenir ce que nous sommes ?

Il est fréquent de revendiquer des droits, et moins d'honorer des devoirs. Les uns peuvent-ils être satisfaits sans les autres ? À supprimer, de manière latente ou manifeste, obligation et sanction, à ériger leur suppression en morale contestatrice des autres, qu'a-t-on véritablement gagné ?

Les désarrois sont si grands de nos jours que l'exigence de morale renaît de ses propres cendres. Or, les « bâtisseurs » de morale nous donnent des exemples qui transcendent l'usure temporelle, les décalages de modes ou d'opinions et nous élèvent à l'universel du savoir comme de l'effectuation du bien, aux sagesses du salut et de l'amour, élaborées au chiffre de l'éternité. Il n'est pas de philosophie authentiquement morale qui n'ait fait elle-même, dans sa langue propre, le procès du moralisme, de ses raideurs, de ses pesanteurs, de ses contre-exemples. Ceux qui ont cherché au delà des valeurs conventionnelles, usuelles et usées, du bien et du mal, l'essence de la morale, délivrent, aujourd'hui encore, aujourd'hui surtout, un message de vie, une leçon d'éternité et sans doute quelque chose qui s'apparente – pour oser parler comme Spinoza – à une promesse de joie.

La morale n'appartient ni au registre de la désuétude ni à celui du dressage. Elle aide le sujet à sortir de sa propension à la clôture sur soi, elle l'élève au-dessus de ses propres pesanteurs et l'incite à se dépasser. Elle se tient du côté de la vie, de son élan irrépressible où elle puise une force hautement créatrice, nullement inhibitrice. Sans morale, est-il encore une humanité capable et désireuse de développer les germes de bien qui sont en elle ? La science de l'action implique aussi un art de transformation de soi, de progression qui favorise et facilite un meilleur vivre-ensemble. La morale rend l'homme pleinement digne de sa qualité d'homme. Elle l'accomplit comme sujet de raison, de volonté et de liberté. Elle diminue les risques d'errance dans l'ordre du jugement et de l'action.

Le « retour » de la morale mérite donc d'être interrogé et éclairé à la lumière de l'histoire et d'une réflexion sur les fondements grecs et chrétiens qui façonnent notre modernité occidentale. Par delà les tentations « moralistes » et leur cortège de raideurs, elle montre que la loi et la vie peuvent collaborer, sans se nier mutuellement ou se mutiler. Réduire les foyers de violence et de persécution de l'homme par l'homme, démasquer les germes du fanatisme et de l'intolérance, servir la création et la paix plus que la destruction et la mort, telles sont les vertus que la morale et sa philosophie doivent savoir et pouvoir ranimer.

CHAPITRE PREMIER

LE « RETOUR » DE LA MORALE ?

L'URGENCE DE L'ACTION

Les dernières décennies du XXᵉ siècle semblent habitées par une certaine nostalgie du « retour », dont celui de la morale. Le mot ne semble plus désigner le tabou dont il fut l'objet pendant un temps. Il reprend une dynamique précise, répondant à un vœu, à une exigence de la conduite et de l'esprit. Besoin pressant d'assigner de nouveau à la vie humaine – individuelle et collective – des fondements prescriptifs stables, des valeurs et des fins clairement définies, qui la distinguent de l'animalité et l'aident à transcender le désarroi et le vide laissés par des philosophies tirant leur délectation de la critique, de la crise ou du désenchantement.

Déjà au XVIIᵉ siècle, en cet âge de clarté et de distinction rationnelles qu'il a, pour sa part, fortement concouru à promouvoir, Descartes remarquait que mieux vaut une morale provisoire, en attente d'une refonte qui viendra ou non, plutôt que pas de morale du tout. L'urgence de l'action, comme l'appel de la vie, ne permettent pas d'éluder ou de minorer cette exigence qu'ils suscitent. Le philosophe a examiné l'ampleur du besoin structurel de l'esprit humain de se donner des règles de conduite simples, fermes et surtout éclairantes pour arpenter plus droitement le chemin de la vie. Le *Discours de la méthode* de 1637 peut encore constituer pour nous, à plus d'un titre, une charte riche d'enseignements et de conseils, ancrés dans le plus universel bon sens soucieux de réconcilier les esprits, non de les opposer et de les diviser. Trois règles fondent cette morale. La première exhorte à l'obéissance des lois et coutumes de son pays, au respect de la religion en laquelle Dieu a bien voulu, dès l'enfance, nous situer, et à la modération des opinions. Il faut, en effet, tout mettre en œuvre pour réduire les germes de l'intolérance ou du fanatisme. L'ordre de l'action se trouve donc à l'exact inverse de l'ordre théorique. Le doute, qui suppose le temps, beaucoup de temps même parfois, n'est pas requis dans l'ordre de l'action. Il l'inhiberait plutôt qu'il ne l'encouragerait.

La seconde règle met en garde contre ce danger et appelle à la fermeté et à la résolution dans les conduites et les jugements, une fois ceux-ci adoptés, quand bien même leur validité n'aurait pu être clairement et distinctement établie. Comptent surtout alors la cohérence et la constance du choix initial. Pour affronter les « actions de la vie qui ne souffrent aucun délai », il faut admettre le probable et lui conférer une valeur de pertinence. La logique morale, selon Descartes, admet le tiers-inclus : entre le bien et le mal se tient le probable, pour lequel il faut, le cas échéant, savoir opter. Au contraire, la logique binaire de la pure pensée l'exclut et l'assimile, sans ambiguïté, au faux, à ce qu'il convient, à tout prix, d'éviter. Sur eux, la lumière peut n'être que partiellement levée, mais seul importe le choix de la volonté. Il empêche les errements et les tergi-versations infinis, la prolifération d'angoisses, les cercles infernaux de certains reniements, les stériles remords, si fréquents dans la forêt opaque de l'existence.

La troisième et dernière règle – d'inspiration stoïcienne – prescrit de changer plutôt ses désirs que l'ordre du monde, de s'adapter à la fortune plutôt que de s'épuiser stérilement à la vaincre. Là encore, compte la maîtrise de soi par une volonté qui peut ouvrir les portes de la liberté et de la sérénité. À quoi sert de prétendre à ce que je ne puis, par nature, atteindre ? À quoi sert l'épuisement d'un désir qui jamais ne connaîtra de terme à sa soif ? Les choses peuvent dépendre de nous et ainsi tourner à notre avantage. Elles ne nous rivent pas à la torture d'un échec assuré. Nous pouvons régler nos appétits. La sagesse de la liberté conçue par cette morale recevra sa pleine cohérence de l'achèvement métaphysique de la pensée cartésienne. Le *Discours* annonce et prépare les *Méditations* : une méthode d'accès au vrai de la pensée ne peut pas ne pas avoir des incidences sur l'action. La vérité n'est pas indifférente au bien. Mieux, l'optimisme théorique doit fonder l'optimisme pratique, celui de la moralité. «Il suffit de bien juger pour bien faire, et de juger le mieux qu'on puisse pour faire tout son mieux». Une morale de ce genre ne peut, en outre, qu'apporter à l'homme le contentement. Descartes n'est ni indifférent au bonheur de l'homme agissant, ni à la béatitude du sage. Il faut s'insérer harmonieusement dans le monde social pour donner libre cours à l'activité de sa raison et connaître la paix de l'esprit.

MORALE ET POLITIQUE

Au fronton des médias si friands de les exhiber, se donnent à voir chaque jour, dans une morne et sinistre répétition, les haines inexpiables qui dressent des peuples les uns contre les autres, les maux qui les déchirent puis les déciment, les violences, les tortures, les outrages infligés à l'innocence des individus, les méfaits de la corruption, la recrudescence des « affaires », la multiplicité des foyers de mécontentements, les scandales de l'iniquité, etc. Mais, en même temps, s'élèvent çà et là des voix pour exprimer lassitude et révolte devant le triomphe trop aisé, trop insistant et envahissant, de la « catégorie du négatif » : le mal. Si la politique ne s'affiche pas telle l'exact contraire de la morale ou le libre essor du cynisme, elle est saluée soudain comme porteuse d'espérance et connaît, même timide et frileux, un certain regain d'intérêt. Besoin de voir réconciliées des sphères que des siècles de pratique ont pu tendre à disjoindre, voire à présenter comme opposées car porteuses de desseins contraires ?

D'aucuns ont eu, dans le passé, le souci aigu de séparer radicalement l'ordre éthique et l'ordre politique. Machiavel en a fait un des axes dominants de son œuvre, en pleine Renaissance italienne. De nos jours, semble remis à l'honneur ou en voie d'être réactualisé, en un certain sens, le mot de Kant : « La vraie politique ne peut faire aucun pas, sans rendre d'abord hommage à la morale »[1]. La morale, fondée sur la droite raison, paraît, en effet, garantir la politique contre une propension native à l'errance. Assiste-t-on à un renversement de l'ordre établi par les Anciens qui conféraient à la politique le statut de science et d'art royaux, à condition de se référer à la vraie connaissance du juste et du bien commun ou encore de science absolument souveraine, au plus haut point organisatrice, visant le bien ou le bonheur de la communauté politique tout entière ?

---

1. Kant, *Projet de paix perpétuelle*, trad. fr. J. Gibelin, Paris, Vrin, 2002, p. 117.

Le souci du bien commun était alors jugé premier. La conduite individuellement morale ou immorale reflétait l'état de la cité. Malade ou en proie au chaos et aux crises, elle ne pouvait concourir au bonheur de ses membres, à la paix intérieure ou extérieure ni favoriser la pratique durable de la vertu. La mauvaise politique ne pouvait qu'engendrer inéluctablement l'immoralité, l'anarchie des valeurs et le dérèglement des conduites; le désordre du tout ne pouvait que rejaillir sur les parties constituantes de la cité, les perturber, les aveugler, les entraîner insensiblement à leur perte.

À partir de l'observation des malheurs des individus et des États de son temps, Platon n'a eu de cesse, par exemple, d'affirmer la nécessité de veiller à l'établissement de lois intangibles, justes et équitables, de vivre selon elles, sous peine de ne différer en rien des bêtes les plus sauvages [1]. Il exhortait à les respecter, à ne les enfreindre sous aucun prétexte, tant il savait les conséquences néfastes de l'infraction, le désarroi des âmes et la confusion des agissements. Que sont les codes, rappelle-t-il, sinon des imitations de la vérité tracées le plus parfaitement possible par ceux qui savent [2] ? Le savoir est seul jugé garant de l'ordre et de la régulation sociale et morale. Si l'homme était parfait, il n'aurait pas besoin de codes et de lois. Il exercerait son intelligence et agirait en fonction de ce qu'il percevrait par elle directement, sans médiation aucune. Cette foi inconditionnelle en la science ne dispense pas le philosophe de réfléchir au bien-fondé – pour qui n'est pas de condition totalement divine – de la réglementation, même si celle-ci garde toujours un caractère un peu

---

1. Platon, *Lois*, IX, 874 e - 875 a, trad. fr. A. Diès, Paris, Les Belles Lettres, 1976.

2. Platon, *Le Politique*, 300 c, trad. fr. A. Diès, Paris, Les Belles Lettres, 1970.

général et abstrait [1]. Il en va de la santé, du salut et du bonheur des individus et des États si l'on ne veut pas que ceux-ci sombrent et périssent aujourd'hui et demain, sous l'effet de l'ignorance et du plus total aveuglement.

Sans doute le besoin d'un « retour » de la morale se fait-il davantage sentir aux époques de crise, de transitions difficiles à effectuer, de bouleversements des mentalités, d'accélération de processus non maîtrisés par l'homme et générateurs d'angoisses. Le souci de redéfinir les valeurs du bien et du mal, du licite et de l'illicite, de redonner à leurs frontières des contours précis va de pair avec la nature ambivalente de l'homme et de ses productions : ni dieu ni bête, il veut le bien car il sait, sent et pressent la propension au mal qui agit en lui. La morale ne se cherche et ne s'instaure qu'en relation avec la toujours possible immoralité qu'elle s'emploie à discipliner, à canaliser, à transcender. Le besoin de son « retour » exprime peut-être aussi le refus de voir triompher dans la plus totale impunité les fruits prolixes du « penchant au mal dans la nature humaine », lié par essence au libre-arbitre [2]. Il s'agit ici du mal moral, ou pour reprendre les distinctions déjà opérées par Leibniz dans les *Essais de théodicée* de 1710, du péché. Il le place aux côtés du mal métaphysique qui renvoie à la simple imperfection, et du mal physique caractérisé par la souf- france [3]. Adam savait le bien. Il a préféré s'en détourner pour exercer sa liberté et sa puissance.

---

1. *Lois*, *op. cit.*, IX, 874 e - 875 d.
2. Kant, *La religion dans les limites de la simple raison*, trad. fr. Gibelin, Vrin, 1983, I, 2, p. 73 et *sq.*
3. Leibniz, *Essais de Théodicée*, introduction J. Brunscwig, Paris, GF-Flammarion, 1969, I, § 21.

MORALE ET RELIGION

La *Bible* chrétienne rattache l'existence du mal à la faute primitive, le péché, cette transgression de l'interdit divin de toucher à l'arbre de la connaissance du bien et du mal. La Genèse [1], notamment, met en scène, selon une double approche narrative et axiologique, le problème du mal. Désobéir au Créateur entraîne, comme sanctions, un ordre de malédictions en chaîne qui touche non seulement les individus en cause mais l'espèce à venir.

La faute suprême, l'orgueil, conduit la créature à se penser digne d'égaler Celui qui lui a tout donné. Elle vise, en effet, à briser la relation de stricte analogie qui unit le Créateur à son « image » et voudrait lui substituer un rapport d'identité de nature. La racine du mal tient dans ce désir d'imposture sous-tendu par un libre arbitre humain jaloux et envieux des prérogatives divines au point de vouloir les lui dérober. De plus, la sortie du jardin d'Éden imprime à l'humanité le sceau du tragique. La condition d'initiale plénitude sans besoin ni désir, sans commencement ni fin, sans labeur ni douleur, demeure désormais à l'horizon du seul imaginaire. Comme tous les mythes de l'âge d'or, celui-ci permet de mieux mesurer l'écart existant entre la condition d'élection originaire, parée de la plus belle attribution, et la condition déchue, habitée par le manque et la quête infinie de l'avoir comme de l'être.

La fondation biblique montre l'intrication du religieux et de l'éthique, dès ses textes d'ouverture comme dans ceux qui en dérivent. L'Exode demeure à cet égard un lieu exemplaire de l'Écriture qui scelle l'Alliance entre Dieu et son peuple,

---

1. La Sainte Bible, trad. fr. l'École Biblique de Jérusalem (dir.), Paris, Le Cerf, 1961, *Genèse*, 2 et 3.

notamment par le Décalogue ou les dix commandements inauguraux qui couvrent tout le champ de la vie religieuse et morale. Le Nouveau Testament s'y réfère en y adjoignant les conseils évangéliques [1]. Dieu donne et dit la Loi. Charge à l'homme de la respecter et de s'y soumettre, si sa liberté y consent. Le hiatus entre le Créateur et la créature réside peut-être, pour l'essentiel, dans le fait que Celui qui est la Loi et la révèle par son Verbe, n'en a nullement besoin pour lui-même.

Kant, qui n'a eu de cesse d'autonomiser la morale en la dégageant le plus possible du référent religieux et trans-cendant, remarque à plusieurs reprises que si « la morale conduit immanquablement à la religion, s'élargissant ainsi jusqu'à l'Idée d'un Législateur moral tout-puissant, extérieur à l'homme » [2], elle demeure néanmoins spécifiquement humaine. Il n'est pas d'impératif pour la volonté *divine* ni, en général, pour une volonté *sainte*, à supposer que cette dernière puisse se trouver pleinement réalisée sur terre. La morale reste indissolublement liée à l'imperfection subjective de la volonté humaine [3]. Au contraire, en Dieu coïncident l'être et le devoir-être. Ainsi reconnaît-on là l'indice même de la perfection qui n'est pas l'apanage de l'homme.

Kant réfléchit sur la chute et la perte de l'innocence première, telles que la Bible les présente. Plus qu'à une seule méditation sur la privation d'une condition d'origine, il se livre, dans les *Conjectures sur les débuts de l'histoire humaine*, parues en 1786, à une lecture positive de l'événement, facteur de progrès et de libération pour l'homme. Le péché est réinséré et compris dans le dessein global d'une marche progressive vers la perfection, bien avant *la Religion dans les limites de la*

1. *Évangile selon Saint Marc*, *op. cit.*, 10, 7-21.
2. *La religion.*, *op. cit.*, 1, préface, p. 55.
3. Kant, *Fondements de la Métaphysique des Mœurs*, trad. fr. V. Delbos revue par A. Philonenko, Paris, Vrin, 2004, section II, p. 116.

simple raison. Même si Kant feint – selon une expression assez convenue et manichéenne – d'affirmer que l'histoire de la nature commence par le Bien car elle est l'œuvre de Dieu, mais que l'histoire de la liberté commence par le Mal car elle est l'œuvre de l'homme [1], cela ne diminue en rien son parti-pris volontairement optimiste d'interpréter la chute. La faute adamique est imputable exclusivement à son auteur qui a choisi l'attrait des impulsions sensibles plutôt que l'obéissance inconditionnelle à la loi divine. Il a préféré le joug des mobiles – ces principes subjectifs du désir – à l'austérité des motifs – ces principes objectifs émanant de la pure loi rationnelle –, en bref, l'hétéronomie à l'autonomie. Sa liberté a choisi en pleine connaissance de cause, la servitude passionnelle. La racine du mal est à chercher précisément, dans ce conflit de la sensibilité et de la raison, dans ce renversement de l'ordre des mobiles et des motifs, dans le choix délibéré – jugé par Kant, insensé et toujours nocif – du passionnel, dans le délaissement voire l'oubli ou le refus du rationnel.

La sensibilité n'est pas en soi mauvaise, pas plus que les inclinations naturelles. La raison législatrice ne connaît pas non plus un vice inhérent à elle qui serait la source d'une mauvaise orientation. Les facultés ne sont pas en jeu. En revanche, leur usage par l'homme peut concourir à développer soit « la disposition originelle au bien » qui l'habite soit « le penchant au mal ». En cela réside sa responsabilité. Kant examine ce « penchant au mal » sous trois angles. Le premier renvoie à la fragilité de la nature humaine, à ce caractère tragique que saint Paul a tout particulièrement cerné dans l'Épître aux Romains : « Ce que je fais, je ne le comprends pas : car je ne fais pas ce que je veux mais je fais ce que je hais. Vouloir le

---

1. Kant, *La philosophie de l'histoire*, trad. fr. St. Piobetta, Paris, Denoël-Gonthier, 1980, « Les Conjectures sur les débuts de l'histoire humaine », p. 119.

bien est à ma portée mais non l'accomplir; puisque je ne fais pas le bien que je veux et commets le mal que je ne veux pas »[1]. Le philosophe n'hésite pas à citer l'apôtre, à maintes reprises. Avant lui et dans un registre autre, il a montré l'inaptitude de l'homme à suivre la loi morale lorsqu'elle se heurte à ses inclinations. Le second s'attache à l'impureté du cœur humain qui mêle trop fréquemment mobiles sensibles et motifs rationnels, intérêt et cupidité, là où l'amour exclusif de la loi devrait le guider dans ses actions. La forme la plus fréquente en est le mensonge. Et le troisième et dernier vise la méchanceté ou la corruption du cœur, source de l'immoralité. Il n'est pas de doute sur l'existence d'un « mal radical » de la nature humaine, « souillure de notre espèce » qui attend de nous un combat pour développer le germe du bien et réduire les effets nocifs du premier penchant[2].

À l'instar de l'apôtre Paul, Kant semble parfois douter de la possible conversion de l'homme. L'humanité est-elle à ce point insensée qu'elle se vouerait elle-même à sa perte? Le philosophe de la volonté ne peut se résoudre à ce pessimisme. Certes, il souligne le caractère « incompréhensible », « insondable », au plan rationnel, de ce penchant inné au mal, mais il met simultanément l'accent sur la force de cette disposition primitive au bien qui coexiste en nous. « En l'homme qui, malgré la corruption de son cœur garde encore la bonne volonté, demeure l'espérance d'un retour au bien dont il s'est écarté »[3].

Il faut donc tout mettre en œuvre pour rétablir en nous la disposition primitive au bien et viser, en quelque sorte la « sainteté » en morale. Défenseur de la vertu – cette « ferme

1. Saint Paul, *Épître aux Romains*, *op. cit.*, 7, 15-19.
2. *La religion.*, *op. cit.*, p. 81.
3. *Ibid.*, p. 86.

résolution d'accomplir son devoir » [1] –, Kant exhorte à réformer progressivement sa conduite, à transformer ses mœurs, à affermir ses maximes, à devenir, suivant l'esprit et la lettre pauliniens, un « homme nouveau », converti, régénéré, non par la grâce mais par la décision de sa volonté. Il faut tout mettre en œuvre pour dominer le penchant inné à la transgression, pour débusquer la « malignité de l'arbitre », les prétentions de la conscience à sophistiquer avec elle-même pour échapper à la loi du devoir.

UNE MORALE UNIVERSELLE EST-ELLE POSSIBLE ?

Certes, toute morale n'a pas la rigueur, la droiture, l'inconditionnalité de celle préconisée par Kant. Cependant, la modernité lui est redevable d'avoir élaboré un système de moralité dégagé le plus possible des référents théologiques, des impératifs de calcul ou d'intérêt, des lois de la force ou des déterminations sensibles, caractérologiques, tempéramentales ou conjoncturelles. Soucieux de fonder une morale dont nul, sous peine de n'être plus un animal raisonnable ou une personne, ne peut – et ne doit – s'excepter, il a cherché à constituer une théorie et une pratique de l'obligation c'est-à-dire du devoir reposant sur l'unique, universel et indiscutable impératif catégorique : « Agis uniquement d'après la maxime qui fait que tu peux vouloir en même temps qu'elle devienne une loi universelle » ou, un peu différemment formulé : « Agis comme si la maxime de ton action devait être érigée par ta volonté en loi universelle de la nature » [2]. Dans la seconde

---

1. La religion., op. cit., p. 88.
2. Fondements de la Métaphysique des mœurs, op. cit., section II, p. 128-129.

formulation, Kant semble vouloir conférer au monde moral, caractérisé par la liberté, la spontanéité et non pas la détermination et la programmation extrinsèques à la volonté, la rigueur, la précision, la régularité et la constance des lois de la nature. Comme si soudain, celle-ci pouvait être conçue tel l'idéal-type de la morale, se donner comme un modèle de ce qu'il convient d'imiter, en respectant toutefois la spécificité des choses humaines irréductibles aux choses physiques.

Par ailleurs, Kant n'appréhende pas la morale en sociologue, en naturaliste ou « physicien des mœurs ». Il ne la réduit pas à un système de règles, de normes et de valeurs pour une société donnée mais lui confère un statut d'universalité qui a sa source exclusive dans la raison. Ainsi le « Tu ne dois pas mentir » ne peut valoir ici et ne pas valoir là-bas. Il vaut absolument et inconditionnellement pour tous les hommes de toute la terre et ne s'appuie sur rien d'empirique mais sur ce qui, en l'homme, est le plus pur, le moins mélangé à l'expérience sensible, la raison. Toute règle pratique n'est pas nécessairement loi morale, tout impératif n'est pas catégorique. Il est des règles de l'habileté, de l'intérêt et du calcul, il est des cas où mentir peut sembler légitime pour tel ou tel mobile, mais jamais le mensonge, selon l'esprit et la lettre kantiens, n'appartiendra à l'ordre des tâches morales. La prescription de dire le vrai ne s'adapte pas aux circonstances. Elle est de l'ordre de la loi avec laquelle on n'a pas, sous quelque prétexte que ce soit, à transiger.

Clarté et transparence sont inhérentes à cette morale de l'impératif catégorique, qui exclut toute ambiguïté ou tout prétendu « conflit de devoirs ». Elle détient en elle un critère souverain pour guider la volonté quand celle-ci doute de ce qu'il convient de faire ou non. Il suffit de se demander : « Peux-tu vouloir aussi que ta maxime devienne une loi universelle ? »[1]. En d'autres termes, pour savoir si l'on agit bien, il suffit de confronter devant le tribunal de la raison, le principe subjectif du vouloir – la maxime – avec l'objective et universelle prescription du devoir. Y-a-t-il entre eux discorde, conflit, ou, au contraire parfaite harmonie ? « La réponse est univoque. Je dois toujours me conduire de telle sorte *que je puisse aussi vouloir que ma maxime devienne une loi universelle* ».

Morale logique dont le critère de vérité et de fiabilité réside dans la cohérence, la non contradiction, ce qui exclut en effet, tout débat interne, toute déchirure de la conscience, toute équivocité. Morale inhumaine par la trop constante rectitude à laquelle elle invite ? Ou tellement lucide sur les errements infinis de la liberté de l'homme si laissée à elle-même, à ses inclinations sensibles, qu'elle lui octroie délibérément fort peu de lest ? Kant assigne sans doute à la morale le soin de redresser un tant soit peu le penchant constitutif de l'espèce à sortir de la norme. Optimiste, l'entreprise veut concourir le plus possible au développement du « bon penchant », à l'éclosion du germe de bien tapi en tout homme, depuis la création.

PERSONNE HUMAINE ET PROJET EXISTENTIEL

Quand les morales de situation, de l'existence, de l'ambi-guïté, ont pris leur essor dans l'après-guerre, elles n'ont pas toujours rompu avec le legs kantien. Elles en ont critiqué le formalisme abstrait mais en ont gardé un sens aigu de l'universel. « Le fait de mentir implique une valeur universelle attribuée au mensonge », écrit Jean-Paul Sartre en 1946, dans

---

1. *Fondements de la métaphysique des mœurs, op. cit.*, section I, p. 98.

L'existentialisme est un humanisme [1]. Certes, des conflits de devoir existent, l'angoisse est indissociable du « projet » existentiel puisque l'homme doit se faire à chaque instant, sans modèle, sans référent naturel ou divin extérieur à sa liberté, mais sa responsabilité, quand elle s'exprime dans des engagements tels le syndicalisme, le mariage ou le célibat, engage l'humanité tout entière. Même si par endroits, Sartre récuse ouvertement l'abstraction de la morale kantienne, valorise la singularité concrète et imprévisible des choix humains, il garde la trace bien vivante d'un certain esprit présent chez le moraliste allemand.

La personne humaine définie par Kant comme fin en soi, inaliénable sujet de respect, irréductible à la chose ou au seul moyen, participe, par essence à cette « liaison systématique de divers êtres raisonnables par des lois communes », encore appelée – selon une filiation augustinienne avérée – règne des fins, sorte de cité de Dieu sur terre tant les hommes se sont élevés, par la grâce de leur raison conjointe à leur volonté, au-dessus de leurs faiblesses et inclinations naturelles au mal. Chaque être raisonnable est membre de ce tout envers lequel il a des droits et des devoirs. Chacun se doit d'appliquer, au quotidien, l'impératif pratique : « Agis de telle sorte que tu traites l'humanité aussi bien dans ta personne que dans la personne de tout autre toujours en même temps comme une fin, et jamais simplement comme un moyen » [2].

La personne détient une sacralité qui la met radicalement à part du monde régi par les lois du marché, de l'exploitation, de l'aliénation. par l'enfer de la relation d'ordre Elle a un prix au-delà de tous les prix marchands et des valeurs d'usage

---

1. Sartre, *L'existentialisme est un humanisme*, Paris, Nagel, 1962, p. 29.

2. *Fondements de la métaphysique des mœurs*, *op. cit.*, section II, p. 141 et *sq.*

ou d'échange et plus encore une dignité, c'est-à-dire une valeur intrinsèque. Kant n'hésite pas à employer le terme de « sainteté », à condition, bien sûr, de viser celle de tous et non pas une entité restreinte [1]. Le règne des fins scelle à la fois l'idée d'autonomie – la volonté de la personne institue librement la loi et s'y soumet de son plein gré – et de lien universel. L'humanité tout entière est une fin en soi. Il n'est donc aucune exception qui pourrait, pour telle ou telle raison, recevoir – ou donner lieu à – un traitement particulier.

Les morales de type existentialiste peuvent être en désaccord avec cette approche de la personne humaine définie comme fin – définition en lesquelles elles voient un risque de contradiction interne voire de réification. Elles lui préfèrent celle de « projet », de surgissement perpétuel, imprévisible, irréductible même à l'entreprise de la définition. Mais elles se retrouvent dans la quête de l'universel et le refus militant de la chosification de l'existence comme de la liberté. La transcendance recherchée, affirmée, qui ne coïncide jamais pleinement avec elle-même, n'est autre que celle de l'homme. Il doit chaque jour l'instituer, la créer, la consolider. L'œuvre éthique appartient, en effet, à l'ordre inlassable des tâches où, plus qu'en aucun autre domaine, rien n'est jamais définitivement acquis ou terminé.

---

1. *Fondements de la métaphysique des mœurs, op. cit.*, p. 152.

CHAPITRE II

LA SAGESSE GRECQUE

BONHEUR ET MESURE

Il n'est pas de morale – antique ou moderne – qui ne se soit attachée au bonheur de l'homme, à son mieux-être, que sa vie soit considérée comme un passage plus ou moins fugace sur la terre, ou comme recelant en elle la totalité complète, achevée, de son devenir.

Ainsi Platon n'a-t-il de cesse de prouver que l'unité et l'harmonie de la cité sont immanquablement générateurs de bonheur pour les individus – dans leur sphère privée, si réduite soit-elle –, les citoyens et les États. La question du salut politique ne se dissocie à aucun moment du bien-être de chacun et de tous. Bien et bonheur se trouvent donc liés ainsi par une nécessité interne. Le premier permet à l'autre de s'installer de manière durable voire de se pérenniser par la transmission du savoir. La connaissance du juste, en effet, la volonté d'en respecter au quotidien les implications, permet à tous les membres du corps politique de se trouver chez eux dans la sphère publique, de concourir à en renforcer le tissu et de préparer aux générations futures un État dont la force et la santé ne seront pas la proie d'une stérile caducité ou d'un destin malheureux.

Dès la plus haute antiquité grecque se trouvent examinées de près les conditions de possibilité du bonheur moral et politique. La démesure (*hubris*) incarne le mal dont il faut à tout prix se préserver. Au dedans de soi, au dehors, dans les choses de l'homme comme dans celles du monde, la démesure n'engendre que désordre, altération des facultés de jugement, rupture d'équilibre, souffrance, maux présents ou à venir, en bref, elle détourne du bonheur ou en signe l'impossible accès. Son seul rôle est négatif : il montre comment il ne faut pas se conduire, comment il ne faut pas être, la voie qu'il ne convient pas de suivre si l'on veut connaître la paix de l'âme, jouir de la contemplation du bien ou du vrai, se mouvoir aisément dans le monde, en admirer l'ordre et la beauté pour mieux, à l'échelle microcosmique, s'en imprégner et, si possible, les imiter.

Il n'est pas de philosophie grecque – hormis, peut-être le cynisme, par goût extrême de la contestation des valeurs ancestralement établies – qui n'ait vanté les mérites avérés de la mesure et montré les indéfectibles méfaits de son contraire. Le fronton du temple de Delphes rappelle à tous, de son site escarpé, les vertus du « Connais-toi toi-même » et du « Rien de trop ». Les deux vont de pair. L'homme doit connaître sa nature pour la discipliner et en tirer le meilleur parti ; il ne doit pas se prendre pour qui il n'est pas, notamment pour un dieu.

La pensée d'Aristote, marquée par celle de son maître, récusera la patrie intelligible de l'homme et l'existence d'un ciel des Idées, mais gardera comme le constituant ainsi que le cosmos, la double texture du supralunaire et du sublunaire. Le supralunaire offre à l'admiration de l'intelligence humaine, la régularité de mouvements qu'on pourrait penser immobiles tant leur rotation avoisine la perfection. Ils constituent donc un pôle privilégié pour l'imitation. L'œuvre de l'art humain gagnerait à s'en inspirer, à s'y référer. Le sublunaire, en effet, théâtre de mouvements plus irréguliers, plus anarchiques ou chaotiques, se doit de prendre modèle sur l'ordre invariant de la voûte céleste. La mesure doit régler la démesure et en réduire ou en freiner le plus possible l'expansion.

La morale, constituant avec la politique et l'économie le champ de l'action propre à l'homme (*praxis*), distincte de la production artisanale ou technique (*poïèsis*) et de la contemplation (*théôria*). Elle vise le bien, c'est-à-dire le bonheur humain. Il ne s'agit pas ici d'un Bien absolu irradiant, de sa transcendance, le sensible d'une lumière intelligible prenant sa source dans un ailleurs et un au-delà, étranger aux petitesses et faiblesses humaines. Le bien, non univoque mais plurivoque par essence, trouve sans doute son vrai couronnement, son plein achèvement, dans l'effectuation de la vertu, cette disposition volontaire à agir hors des extrêmes, à tendre vers le juste milieu, norme de perfection mathématique et éthique, relative à l'homme doté de raison et non à une puissance extrinsèque ou transcendante à lui.

Aristote sait la rareté de l'excellence, voire l'impossibilité de son obtention pour la condition mélangée de l'être sensible, même situé au plus haut de l'échelle des espèces. Il confère pourtant à la juste mesure le statut de norme devant animer et orienter, en constance, la *praxis* humaine. Il faut se disposer, suivant ses capacités et la répétition de l'habitude – et non l'acte unique avoisinant l'héroïsme – à œuvrer selon le bien. « Une hirondelle ne fait pas le printemps », non plus que le bien perpétré une fois ou l'autre, selon la fantaisie de l'heure ou du vouloir. La vertu n'est pas l'apanage d'une condition héritée de naissance ; elle relève de l'histoire et de la responsabilité de chacun comme de tous. La réussite ou non de la juste mesure, seule génératrice d'un vrai et durable bonheur, n'est ainsi imputable qu'à l'homme individuel et social, non à la nature, au destin ou au hasard.

PRAXIS ET VERTU

L'éthique, comme la politique, appartiennent donc à l'ordre de la *praxis*, c'est-à-dire des tâches, des actions relevant du jugement délibératif et volontaire de l'homme, générateur de ses actes comme le père de ses enfants, selon le mot célèbre d'Aristote. Elle se préoccupe essentiellement de déterminer les lois de la conduite bonne. La responsabilité morale autant que politique – les deux sont indissociables dans la Grèce antique – incombe à ceux qui exercent leur jugement, connaissent le poids des choix, les conséquences de la transgression des normes du bien et des règles de la mesure. La science du bien ne suffit pas à l'accomplir. Combien d'exemples concrets attestent que l'homme, percevant ce qu'il convient de faire, manque à la règle et commet la faute. Au « nul n'est méchant volontairement » socratique et platonicien, Aristote a tendance à opposer sans peine des contre-exemples qui montrent combien, au contraire, l'homme peut aimer faillir au bien clairement entrevu, se laisser aller au mirage des passions, des désirs irrationnels, s'égarer en connaissance de cause, errer en tous sens et souvent sciemment.

Sur ce point, Platon et Aristote se rencontrent. S'il existe une scission entre ce que la pensée perçoit et ce que l'action exécute, la science n'est que fragmentaire, partielle, pas encore réellement maîtrisée ni efficace. Pour elle aussi, il faut du temps et de l'expérience, conjoints à l'enseignement.

La *praxis* s'inscrit, de plus, dans une communauté, celle formée par les animaux politiques, faits pour vivre ensemble et non isolés. L'homme qui voudrait s'extraire de la sphère sociale est tout simplement une brute ou un dieu, êtres non astreints, par leur nature, à l'obéissance à la règle. L'appartenance communautaire, l'échange, grâce au discours – véhicule des valeurs morales notamment – structurent et cimentent l'existence et les relations humaines. Que l'on examine les choses du point de vue du tout ou de la partie, sous un angle social ou individuel, politique ou moral, la question du bonheur et du bien-vivre de l'homme y apparaît toujours centrale. L'État n'est-il pas défini comme la communauté du bien-vivre autant que comme la communauté des égaux ? Il a en charge la responsabilité du bonheur collectif et individuel des citoyens, leur devenir civique et moral, le plein accomplissement des tendances qu'une nature prodigue et non avare, a distribuées aux hommes.

L'éthique s'apparente chez Aristote, autant au traité des plaisirs et des peines, à la science de la formation du caractère (*êthos*), qu'à l'ensemble des mœurs habituelles de la communauté (*éthos*)? L'*Éthique à Eudème*[1], comme l'*Éthique à Nicomaque*[2] ont gardé trace du passage des *Lois* de Platon rapprochant l'*éthos* – l'habitude au sens que lui conférera l'*habitus* latin : la manière d'être déterminée, la disposition constante – de l'*êthos* – le caractère, ce qu'un homme fait de lui-même. La vertu éthique porte sur le plaisant et le pénible ; elle dépend de l'habitude pour s'enraciner durablement dans le caractère de l'homme et le forger, pour instituer en lui une seconde nature aussi bonne que la première.

Nul ne peut être et demeurer courageux s'il ne s'exerce à dominer en lui les tendances spontanées à la lâcheté ou à la

---

1. Aristote, *Éthique à Eudème*, trad. fr. V. Décarie, Paris, Vrin, 1984, II, 2.
2. Aristote, *Éthique à Nicomaque*, trad. fr. J. Tricot, Paris, Vrin, 1997, II, 1 et 2.

témérité. Le juste milieu de la *praxis* morale recèle en lui un point de perfection que seule l'habitude peut s'accoutumer à viser sinon à atteindre. Nul ne peut être et demeurer prudent, sage et réfléchi, s'il ne s'accoutume à exercer ses compétences de jugement, à estimer une situation, à mesurer les préférables, à apprendre, grâce à l'expérience et à la mémoire du temps, à opter pour le meilleur. Nul ne peut être vertueux s'il n'accepte de mettre à l'épreuve de la durée et de l'effort quotidien, ses actes et ses pensées. Dieu n'a pas à faire d'effort pour être ce qu'il est. L'homme y est assujetti, par sa condition d'union accidentelle au corps. Même si son esprit le hausse au plus près du divin et pourrait, lors de moments privilégiés comme l'extase contemplative, l'en dispenser, le retour à la vie propre au composé sensible est inéluctable. Le sage, chéri des dieux, ne peut abandonner la cité à laquelle il appartient. Il a envers elle et ses pairs, des droits et des devoirs. Il a à réaliser, à actualiser, ce qui fut mis en lui seulement en puissance, à titre de semence.

Mortel, capable de se hisser, par la pensée, à l'immortalité, de transcender le temps et d'entrevoir l'éternité, l'homme doit agir selon ce qui est en lui le meilleur : l'esprit qui l'apparente au divin. Condition mixte par excellence que la sienne, qui trouve dans la morale un lieu privilégié de réalisation de soi, de réconciliation heureuse et harmonieuse de l'âme et du corps, de l'acte et de la puissance. La vie vertueuse se reconnaît à la maîtrise, par la raison, de ce qui n'est pas elle. Le propre de la vie éthique est sans doute de soustraire l'âme à l'égarement des passions, d'instaurer peu à peu une instance de maîtrise et de contrôle des forces irrationnelles, prêtes à surgir ici ou là, en désordre, dès que la raison défaille ou se démet d'elle-même. Le mal prend mille visages, il s'apparente à l'indéfini multi-forme. Le bien, en son faîte d'excellence, est unique et défini : il est le juste milieu entre des extrêmes également fâcheux pour l'homme, moyenne proportionnelle entre l'excès et le défaut, qui, eux, ne comportent pas de moyenne, irréductibles, par essence, à toute mesure. Il n'est pas de norme du vice. Il n'est pas de mesure juste du mal.

LE SAVOIR DU BIEN

La sagesse aristotélicienne, pour asseoir ses fondements, puise autant dans le registre géométrique – la théorie des proportions – que dans le registre physique – la nature, au principe de la norme et norme elle-même. Il suffit, en effet, de regarder la vie cosmique ou biologique pour y déceler beauté, finalité, régularité, organisation minutieuse et rigoureuse dans le grand comme dans le petit, incluant même dans sa chaîne d'ordre le désordre ou la déviance monstrueuse. L'ordonnancement général du monde, le livre de la nature, délivre un message que l'éthique n'aura plus qu'à édifier, maintenir et consolider, dans son aire propre. Le profond respect des Grecs vis-à-vis de la nature (*phusis*) inspire leur morale, leurs lois, leur souci de hiérarchiser les rôles sociaux, leur besoin de règle transcendante ou immanente, leur valorisation de la mesure, leur conception d'un bonheur devant rester le plus possible hors ou au plus loin du contre-nature. Toute tentative de violation ou de transformation des lois naturelles est jugée nocive, dangereuse, lourde de menaces pour la santé physique et morale de l'homme comme pour l'équilibre du monde.

Socrate aime à dire haut et fort qu'il sait qu'il ne sait rien. Il est cependant animé d'une certitude forte comme la voix de son « démon » : l'homme doit connaître sa nature, ce à quoi elle le dispose et se détacher de ce qui, à coup sûr, le troublerait, car ne lui appartenant pas en propre. Socrate fonde une morale de l'autonomie, du détachement, de la purification de soi.

L'Apologie de Socrate, écrite par un disciple encore sous l'effet de la sentence injuste infligée à son maître, demeure un traité de morale de tout premier ordre ainsi que le *Phédon*. Il y est montré que la mort n'est qu'un passage, qu'elle ne peut donc être regardée comme un mal mais comme un bien délivrant de la pesanteur terrestre, une réconciliation de soi avec soi c'est-à-dire son âme, si l'existence a été menée selon la vertu et non le vice. Démystificateur de la morale sociale, de la politique ambiante, de la philosophie à la mode, soucieuse de réussite et d'efficacité sur le champ vérifiable et comptable, Socrate brise les moules et les idoles, sonde les esprits et les cœurs, remet en cause le discours ambiant, les définitions non passées au crible du questionnement et de l'épreuve dialectique. Il enseigne à ne rechercher que la paix de l'âme. Il démontre les bienfaits de l'ataraxie. Sa mort lui ressemble comme une sorte de double dont l'histoire et la légende, après Platon et ses contemporains, n'auront plus qu'à s'emparer.

L'union intime et indéfectible de la sagesse théorique et de la sagesse pratique, comme la mort de Socrate en a signé l'excellence, n'aura de cesse d'être par la suite, le centre de la vie éthique et philosophique.

Si Platon n'est pas l'auteur de traités de morale, comme après lui, Aristote, la préoccupation éthique traverse d'un bout à l'autre le corpus platonicien. Le *Phédon* enseigne, par exemple, que la vraie morale ne suppose aucun troc. On n'est pas généreux pour attirer à soi la considération générale ou courageux pour jouir de l'estime publique. On n'échange pas un bien pour en obtenir un autre, plus utile, plus efficace, plus valorisant. Le bien est proprement inaliénable et indivisible, même s'il peut, dans le sensible, donner lieu à des expression plurielles.

L'acte moral implique la gratuité de l'amour : la valeur doit être aimée et désirée pour elle-même et non pour les résultats qui peuvent en découler. Elle ne tolère aucun calcul d'intérêts, ne repose pas sur l'affect sensible, ne dépend de rien d'autre qu'elle même. On comprend dans cette perspective combien il vaut mieux, en effet, subir l'injustice que la commettre, subir les effets de cette ignorance du bien – autre nom du mal – plutôt qu'en être l'instigateur et l'auteur. Platon ne cherche nullement à vanter les mérites d'une sorte de « belle âme » qui ne voudrait se souiller en rien dans l'action ; il affirme seulement dans le domaine de l'éthique, le primat de la connaissance qui relève de la conversion volontaire et décidée de l'âme et d'elle seule. Celui qui commet le mal demeure un ignorant. Comme tel il est à plaindre, plus, peut-être, qu'à blâmer.

Seule l'éducation est le terreau et le ferment d'un possible redressement des mœurs. Seule, elle peut enrayer le processus de corruption attaché immanquablement à tout ce qui naît car elle accoutume l'âme à diriger son regard vers ce qui ne naît pas mais est toujours le même, inaltéré et inaltérable : l'absolu du Bien. La sagesse ne se dissocie pas de la science, la non sagesse de l'ignorance. Le mal ne se trouve entaché d'aucune positivité. Il est absence, privation, déficience de bien, triomphe de la négativité.

L'apologie passionnelle conduit à l'impossibilité de l'existence politique, religieuse ou morale. L'homme n'y est plus ami de l'homme, des dieux, ou du monde. Il n'est pas non plus ami de lui-même, enchaîné à l'irrépressible désir, destructeur de toute paix intérieure.

ENTRE JARDIN ET PORTIQUE

L'épicurisme antique a remarquablement retenu cette leçon et l'a infléchie, dans sa sphère philosophique propre, aux

IVᵉ-IIIᵉ siècles et jusqu'à la fin du règne de César, en 44 avant notre ère. Le désir est bon s'il ne détourne pas l'homme de l'ataraxie, source du vrai plaisir défini comme l'absence de douleur et clef de son adaptation harmonieuse au monde. Le corps nous rive au présent ; il faut écouter sa voix, satisfaire sa demande mais dans les limites de la naturalité nécessaire et en n'omettant pas de rester tempérants. En effet, le boire et le manger renvoient aux désirs naturels et nécessaires ; bien manger et bien boire renvoient, quant à eux, aux désirs naturels mais non nécessaires et il convient de les tempérer, si l'on ne veut pas altérer l'équilibre d'ensemble. Les désirs non naturels et non nécessaires sont à proscrire. Alimentés par l'imaginaire, par l'envie, et toutes sortes de passions, sources d'inquiétude, de doute, d'instabilité, purement factices et changeants, ils nous ôtent la part de bien-être, condition de la paix de l'âme. La *Lettre à Ménécée* reste, à cet égard et dans sa texture prescriptive, un document de tout premier ordre, une sorte de charte de la sagesse épicurienne. Rappelons-en les termes de la conclusion, le « quadruple remède » : « Les dieux ne sont pas à craindre / La mort n'est pas à craindre / On peut atteindre le bonheur / On peut supprimer la douleur ». Il sied à l'épicurien de vivre « comme un dieu parmi les hommes » et de se différencier, par sa conduite, son rapport au monde, à autrui et à lui-même, des autres animaux mortels. L'excellence est visée et la mesure demeure son corollaire obligé.

Le corps peut être vu comme la norme, la règle de l'action, à condition que son appel résiste aux tentations de l'*hubris* et de l'indiscipline. Goûtant aussi le plaisir de penser et pas seulement celui de la chair, le sage épicurien, pour rentrer en soi, pour mieux méditer, fuira, en un certain sens, le monde social ambiant, ses pièges, ses attraits, ses diversions, comme ses artifices. Tout en restant ami de l'homme, du monde et des dieux, il ne mènera pas une existence politique, ne participera pas aux tâches de pouvoir ou de gouvernement. Le Jardin, fondé en 306 par Épicure, se trouve loin de l'*agora* athénienne et de ses rumeurs. On y cultive l'amitié, accomplissement suprême de la sérénité épicurienne. On y mène une vie autarcique, paisible, en compagnie d'autres sages. On y récuse l'idée d'un destin qui enchaînerait et pèserait à jamais sur la liberté humaine, mais aussi celle d'un hasard capricieux, effrayant, immaîtrisable par la connaissance et source de terreurs inutiles autant que nocives. Plus souriante, la Fortune – ce jeu subtil des circonstances – peut servir le plaisir et concourir à une stratégie inventive pour le capter et le cultiver. On y professe que la nature – l'ensemble des phénomènes explicables – dénuée des chimères provenant d'une âme troublée, dévoile une harmonie universelle, source de plénitude, dont le corps, à son échelle, atteste l'ordonnance et la filiation et à laquelle la pensée peut se hisser. La justice des hommes devra viser la juste proportion et favoriser la vie heureuse en commun, en évitant les trop grands écarts, source de désordres. Le sage exhorte, en tous domaines, à la dénonciation des excès, toujours nuisibles, à la constante maîtrise de soi, au contrôle permanent de désirs enclins, par eux-mêmes, à la perturbation, à l'agitation et à l'égarement, générateurs, toujours, de douleur ou de mal-être.

L'hédonisme donne lieu ainsi à une savante mathématique des plaisirs, exige un art de vivre avoisinant des sommets dans l'ordre de la mesure et du dosage. Il a compris que l'apologie des passions revient à faire l'apologie du trouble, du mal ou du malheur comme de l'esclavage. La liberté n'est-elle pas le fruit suprême de l'autarcie, comme l'indique la *Sentence* 77 ? Son essence réside dans la distance par rapport à ce qui aliène, dans le contrôle de soi et le consentement volontaire à la discipline. Socrate, l'apôtre serein de la vertu, Calliclès – son antithèse –, le fougueux défenseur de l'*hubris*, Épicure, le sage du Jardin, n'ont eu, les uns et les autres comme souci majeur que de chercher à cerner les principes et les règles du bien-vivre (*euzein*). Quels conseils donner à l'homme pour que son passage sur la terre connaisse le plus de jouissance ? Qu'il la cherche dans la rétention ou dans l'expansion des affects ? dans la maîtrise ou le laisser-aller de ses tendances ou incli-nations naturelles ? dans l'indifférence à la société et à ses jeux de rôle ou dans la participation à la chose publique, à ses déci-sions, à ses lois ? dans le goût exacerbé du pouvoir ou dans son mépris ? Ces questions agitent diversement les cercles de sages depuis longtemps déjà. Elles ne les quitteront pas de sitôt.

La sagesse stoïcienne, contemporaine – un temps du moins – de l'épicurienne, n'a eu de cesse de montrer combien l'homme était un élément du tout cosmique et se devait d'y être le plus possible soudé, pour y être heureux, pour s'y accomplir et s'y épanouir. Aussi vivre en accord avec la nature, cette *physis* indissociable de la raison (*logos*) qui la structure, lui donne sens et consistance, revient par définition à vivre en accord avec sa nature. Vivre en accord avec la raison du monde signifie vivre selon la raison, accéder à un niveau de sagesse où le connaître ne peut se dissocier, là encore, de l'agir sous peine de tomber dans l'inacceptable incohérence La physique stoïcienne est avant tout une morale et un mode de vie fondé en raison. À la différence de la physique épicu-rienne, qui, voulant libérer l'homme de la crainte et de troubles inutiles, pratique la démystification à des fins d'apaisement, la physique stoïcienne est par elle-même une sagesse et non un moyen pour y parvenir. De plus, au lieu de l'éthique du Jardin, s'élabore une philosophie cosmopolitique qui met en valeur la relation harmonieuse au monde, aux hommes, aux dieux, au destin – cet ensemble de choses qui ne dépendent pas de nous, cette puissance majestueuse d'entrelacement et d'amitié des choses entre elles. Marc-Aurèle, dans une formulation célèbre, a bien montré que ce qui n'est pas utile à l'essaim n'est pas non plus utile à l'abeille[1]. Rien ne peut se penser hors de cet entrelacs, de ce lien (*philia*) universel de nature cosmique et divine, matérielle et spirituelle à la fois, à laquelle l'homme se rattache comme à une originelle et vitale matrice. N'est-ce pas elle qui lui donne un rôle précis à jouer, dans la grande partition de l'univers? «Que peut faire un vieux boiteux comme moi sinon chanter Dieu? Si j'étais rossignol, je ferais ce que font les rossignols, et si j'étais cygne, ce que font les cygnes; mais je suis doué de raison: je dois chanter Dieu. C'est là mon œuvre, je l'accomplis; je n'abandonnerai jamais ce poste, tant qu'il m'est donné de le remplir». Ainsi parle Épictète dans ses *Entretiens*[2].

Le sage sait ainsi mieux que d'autres – avec une plus grande lucidité, un plus grand contrôle de soi – que dépendent seulement de nous nos représentations, nos jugements, nos opinions. Sur le reste, nous n'avons, en effet, aucun pouvoir. Il convient alors de ne s'attacher à rien de ce que nous ne pouvons maîtriser par la connaissance et la réflexion critique. Elles seules, aidées de la volonté, nous mettent à distance des emprises passionnelles, des égarements mentaux ou des folies de l'imaginaire. Elles seules concourent à la pratique vertueuse, à l'égalité de l'âme, à sa constance, à son action droite. Elles seules peuvent conduire à l'ataraxie, sérénité intellectuelle, emblème, de surcroît, de l'accomplissement moral. Il faut apprendre, en premier lieu, à changer ses jugements, plutôt que l'ordre du monde, note encore Épictète, bien avant Descartes[3]. Il incombe, en effet, à l'homme de faire de sa représentation l'usage qu'il convient. Les dieux ne nous ont

1. Marc-Aurèle, *Pensées*, VI, 54 dans *Les* Stoïciens, trad. fr. É. Bréhier, «Tel», Paris, Gallimard, 1997, vol. II.

2. Epictète, *Entretiens* I, XVI, 20-21 dans *Les Stoïciens, op. cit.*, vol. II.

3. *Ibid.* I, XII, 17 et *sq.*

faits responsables, en effet, que de ce qui dépend de nous c'est-à-dire de cet usage. Ai-je tel père ou telle mère? Tel corps ou tel bien matériel par naissance? Est-ce là l'heure de ma mort? Cela je ne puis le modifier et n'en porte pas responsabilité. Pratiquer la vertu, viser le bien, vivre selon la raison, brider les passions, cela au contraire, non seulement je le puis, mais le dois.

Une imagerie courante aime à considérer le stoïcien comme une sorte de «surhomme», détaché de tout, suprêmement orgueilleux et fier de sa maîtrise du corps ou des affects, de cette impassibilité. Image d'une sagesse autarcique, si parfaite qu'elle en devient caricaturale et placée si haut dans l'idéalité qu'elle s'interdit, peut-être, par là même, toute tentative de réalisation. Ce problème n'échappe pas à la lucidité d'Épictète. Il n'hésite pas à apostropher ses pairs, leur demandant d'évaluer eux-mêmes l'écart entre ce qu'ils se targuent d'être et ce qu'ils sont. «Qui donc est stoïcien? Montrez-le moi malade et heureux, en danger et heureux, méprisé et heureux. Allons, montrez; par tous les dieux, je veux voir un Stoïcien. Mais vous n'avez à me montrer personne qui soit entièrement formé; montrez-moi du moins quelqu'un qui se forme, qui ait du penchant pour le stoïcisme. Mais vous n'avez personne. Pourquoi jouez-vous de vous-mêmes, et trichez-vous avec les autres? Pourquoi vous promenez-vous revêtus des habits d'un autre, en voleurs et en pillards de mots et d'idées qui ne vous concernent en rien?»[1]. Ne trouve-t-on pas là plus belle diatribe rappelant l'homme à ses devoirs moraux, à la concordance élémentaire du dire et du faire, fondement de la conduite authentiquement morale?

Néanmoins, la sagesse du Portique (*stoa*) laisse à la postérité l'idée d'une morale et d'une sagesse visant à unir

---

1. *Entretiens*, *op. cit.*, II, XIX, 22-28.

l'homme au tout du monde, à réconcilier le local et le global. Le bien de l'ensemble concourt, en effet, à la partie fût-il, sur le moment, perçu comme un mal. Le stoïcien voit et sait le bien de toute chose et de tout être, relie le plus proche au plus éloigné, le plus petit au plus grand, embrasse dans un même mouvement la terre et le ciel, les hommes et les dieux, les actions des uns, les décisions des autres. La liberté et la volonté humaines consistent, pour l'essentiel, à comprendre cet enchaînement des choses, à y consentir, à se régler sur lui. Nombre de renoncements s'imposent : en premier lieu, celui de se penser comme une entité autonome, pouvant faire fi ou abstraction de la totalité cosmique. Le sage se doit d'être, au contraire, une image – la plus proche du modèle, la plus ressemblante possible – de son ordre, de sa beauté. Le microcosme doit refléter le macrocosme, ainsi que le montrait déjà le *Timée* de Platon. De la filiation cosmique de l'homme dépend la morale, la manière d'agir et de se comporter suivant des règles qui, depuis toujours, sont écrites en lettres d'or, dans le ciel et sur la terre.

Aristote vantait l'excellence de la vie contemplative et sa supériorité sur la vie pratique. L'intellect théorique est sans mélange, au plus proche du divin et uni seulement accidentellement au corps, dont il se sépare à la mort. L'intellect pratique doit à l'évidence se laisser guider par lui. Est-ce à dire alors que la sagesse grecque, en son versant pratique, connaisse toujours, plus ou moins, un rôle subalterne, ancillaire, par rapport à la science pure, exclusivement spéculative ? La morale serait-elle décidément et selon une certaine appréhension de son mode d'exercice, la parente pauvre de la philosophie, dénuée de véritable autonomie ou d'être propre ?

Et pourtant, les stoïciens, à l'intérieur de la sphère éthique, ont tenu à distinguer une morale théorique et une morale appliquée, soit une morale idéale et une autre mise à la portée de l'homme. Le *Traité des devoirs* (*De Officiis*) de Cicéron pourrait représenter un exemple privilégié de traité de morale appliquée. En 44-43 avant notre ère, son auteur réfléchit sur ce qu'il convient d'appeler, par exemple, une guerre et une paix juste, en met au jour les conditions ; il remarque également qu'on peut être injuste de deux manières, ou par violence ou par ruse. « La ruse est l'affaire du renard, la violence celle du lion »[1]. Avant Machiavel, il montre l'importance de ces stratégies de pouvoir et fustige davantage la ruse, plus perfide, plus insidieuse, plus sournoisement injuste. Les détails abondent et les conseils sont précis pour se diriger dans la vie courante. Toute une casuistique est, par endroits, élaborée : dans quel cas, par exemple, il peut être honnête de ne pas tenir une promesse ou comment réconcilier l'honnête et l'utile ou encore comment le devoir peut dépendre de telle ou telle circonstance ? Sans doute, les stoïciens, dans le devenir de leur philosophie qui s'étend sur plus de cinq siècles, ont-ils infléchi peu à peu la morale dans une direction plus populaire qui ne pouvait pas laisser totalement indifférente la sagesse chrétienne.

---

1. Cicéron, *Traité des devoirs*, I, XIII, 41 dans *Les Stoïciens*, *op. cit.*, vol. I.

CHAPITRE III

CHRISTIANISME ET MODERNITÉ

NOUVELLES CATÉGORIES MENTALES

La sagesse grecque prône un dépassement de l'homme par les forces de son esprit et de sa volonté. Elle n'attend rien du secours d'un Dieu, elle n'imagine pas même qu'il pût être secourable et s'occuper des affaires des hommes. Le Dieu du *Timée* de Platon, est bon, certes. Il façonne le monde à son image, sans le créer au sens propre du terme puisque la matière est là de toute éternité, désordonnée et en attente de l'ordre qui lui donnera forme. Celui d'Aristote est totalement indifférent au devenir cosmique et humain mais joue le rôle d'un aimant, d'un pôle d'attraction et de tension d'une nature ou d'un mouvement tournés vers lui car en attente d'un principe. Les épicuriens rappellent avec insistance que les dieux sont indifférents au cours de nos destinées et les stoïciens s'élèvent à l'idée d'un Logos pancosmique, saisissable par la raison. Le divin est autant un principe abstrait parlant à la pure intelligibilité qu'un principe concret de mouvement et d'organisation cosmique, s'exprimant dans la perfection du supralunaire et, de manière plus diffuse, plus dégradée, dans l'imperfection du sublunaire. Il ne s'apparente, dans aucun des cas, à une transcendance personnelle, dotée de parole, créatrice du monde, prescrivant des droits et des devoirs à ses créatures et s'intéressant à chacune d'elles depuis l'origine et jusqu'à la fin des temps.

La sagesse grecque n'est pas, tant s'en faut, étrangère à la question du salut. L'œuvre de Platon l'atteste. Mais le salut de l'âme provient de la connaissance et de la purification (*katharsis*) qui en émane, et uniquement d'elles. L'homme est l'artisan de sa destinée, de sa chute dans le sensible ou de son ascension vers des sphères plus intelligibles, de son ignorance comme de sa science. Aristote montre que le bien comme le mal nous incombent. Le christianisme, au confluent des deux cultures sémitique et grecque, et en lequel Hegel reconnaît l'avènement inouï d'une subjectivité infinie – celle du Christ – dans le fini de l'histoire des hommes, bouleverse à l'évidence les catégories de pensée ambiantes comme les manières d'agir. Lorsque Paul de Tarse, ce juif fortement hellénisé converti au Christ, s'adresse aux Athéniens, il suscite l'hilarité, le désarroi autant que l'effroi et le rejet. Des philosophes épicuriens et stoïciens, par exemple, présents lors de ses prises de parole sur l'*agora*, non seulement ne comprennent rien à ce « prêcheur de divinités étrangères »[1] mais refusent de plus longuement l'écouter. Pas plus que les juifs, même si les raisons en sont différentes, les grecs ne peuvent accepter l'idée d'un Dieu mort sur une croix puis ressuscité et rédempteur de l'humanité. Comment une pareille faiblesse pourrait-elle augurer d'une si grande force ? Comment un supplice aussi infâme pouvait-il abolir à jamais la loi du mal et de la mort, augurer un autre cours de l'histoire humaine, ouvrir celle du

---

1. La Sainte Bible, *op. cit.*, *Actes des Apôtres*, 17, 16-34.

salut universel et non plus réservé à une élite ou un peuple déterminé?

Cette sagesse de l'amour vécue jusqu'à l'extrême déréliction, consentie par le Médiateur, homme et Dieu à la fois, d'ici et de là-bas, innocent de toute faute, auteur d'une vie exemplaire, élevée au rang de norme de perfection, de modèle, reste, sur nombre de points, étrangère à la sagesse grecque. Beaucoup de révolutions mentales l'accompagnent et lui donnent corps. La prise en compte, par exemple, de la dimension sacrée de l'individualité humaine, scellée par l'acte créateur, n'en est pas une des moindres. Dans la tradition chrétienne et la tradition juive qui la précède, l'idée, comme la réalité de sujet personnel, naît, en effet, avec la décision divine de créer l'homme à son image. Celui-ci se trouve alors investi d'une valeur et d'une éminence ignorées des Grecs. Il n'est plus l'unité plus ou moins interchangeable du tout cosmique ou du tout politique. Il est unique, élu par Dieu pour l'éternité, porteur d'une destinée dont il a, malgré tout, la pleine et entière responsabilité. Adam, le père de l'humanité, le premier des élus de cette espèce, choisit librement la transgression. Créé libre, il use de sa liberté en péchant. Les catégories de liberté, de responsabilité individuelles, de péché, de faute volontaire contre une divinité qui déjà, dès l'origine, restreint le choix humain en interdisant l'accès à l'arbre de la connaissance, adviennent à l'existence et constituent un univers de pensée propre à la culture du Livre. Le christianisme en hérite nécessairement et va peu à peu constituer son originalité propre.

LA QUESTION DU SALUT

Dans le monde occidental, l'amour chrétien (*Agapè*) va peu à peu détrôner l'amour grec (*Éros*). Les esprits et les mœurs sont lents à se transformer mais l'exemple christique fonde un nouveau messianisme, à échéance datée, cette fois. L'immolation du Juste, l'incarnation du Logos humano-divin, Rédempteur de surcroît, principe et fin de la création en son ensemble, instituent à l'évidence une autre donne religieuse, culturelle et morale. Elles consacrent aussi une autre temporalité inscrite sur un fond d'éternité connue seulement du Créateur. « Ceux que d'avance (Dieu) a discernés, il les a aussi prédestinés à reproduire l'image de son Fils » [1]. Les écrits pauliniens relatifs au plan du salut, à la délicate question de la prédestination, rencontreront, dans la postérité de l'exégèse religieuse, un écho sans précédent notamment, aux IV-Ve siècles, auprès d'Augustin et, dans la toute jeune et moderne Renaissance, auprès d'Erasme, de Luther et de Calvin, avant d'alimenter les débats jansénistes du siècle suivant.

La mort du Christ sauve l'humanité du péché et de sa blessure d'origine. À ce titre elle instaure une nouvelle création et restaure une nature créée selon le bien. Que devient en l'homme le penchant au mal ? « Vaincu, mais non extirpé », note Erasme en 1524, avant Kant, dans son ouvrage sur le libre arbitre (*De libero arbitrio*), visant à tempérer les positions de son ami Luther, virulent défenseur de la « foi seule » (*sola fides*), exposée dans sa *Liberté du Chrétien* en 1520. Luther pousse en effet, les dires pauliniens dans une direction sans doute quelque peu forcée. Il soutient que la foi seule, sans les œuvres, suffit à sauver la créature. Seul Dieu détient la clef du salut ou de la damnation des âmes ; l'homme ne peut en rien décider de son sort, quand bien même il serait, sur la terre, l'être le plus vertueux ! La loi de la foi, inconnaissable aux yeux de chair, régit la vie de « l'homme intérieur » ; la loi des œuvres, celle de « l'homme extérieur ». Erasme, plus modéré,

---

1. Saint Paul, *Epître aux Romains*, *op. cit.*, 8, 29.

insiste sur la relation harmonieuse de l'extériorité et de l'intériorité, plus que sur leur radicale disjonction. Quoiqu'il en soit de l'issue des débats, virulents depuis des siècles, sur les rapports de la volonté et de la grâce divine, il en ressort pour l'essentiel, que l'arbitre humain peut n'être pas « serf » mais « libre » d'une adhésion consentie au pouvoir du bien, du vrai et du juste symbolisé par le Christ.

Lecteurs et commentateurs de saint Paul continueront de s'affronter sur les degrés d'expression du libre-arbitre dans la vie chrétienne. Est-il nul ou dépravé et prêt à resurgir dans une orientation maligne, enclin trop facilement à refuser l'aide divine, à se taire à la lumière de la grâce ? Qu'est l'homme sinon cet « être de chair vendu au pouvoir du péché », qui veut le bien et commet le mal qu'il ne veut pas, voué à la lutte intérieure, en quête d'une paix quasi impossible en raison d'une nature duelle [1] ?

Avec des accents proches de ceux d'Epictète, mais dans une direction apologétique, Paul pourfend la sagesse humaine qui ne sait et ne veut pas reconnaître la sagesse de Dieu et se mure en la superbe de son refus. « Appelés » sont ceux qui acceptent de s'ouvrir au message. Juifs et grecs, ils reconnaissent dans la folie christique la vraie sagesse, et dans l'ignominie de la croix, la vraie force, triomphe de la faiblesse [2].

Des siècles durant, la dialectique paulinienne suscitera les débats, toujours ouverts sur les épineux problèmes du mérite, de la coopération active ou non au plan général et individuel du salut, du rôle de la grâce divine comme de la volonté humaine. Peut-on être sauvé par les œuvres ou par la foi, par le visible ou l'invisible, les actes ou l'intention, ou par une subtile combinaison des deux ? Quelle place faut-il concéder, en morale, à

1. Saint Paul, *Épître aux Romains*, 7, 14-25.
2. *Ibid.*, *Épître aux Corinthiens*, 1, 19-25.

l'imitation du modèle ? L'homme intérieur – régénéré par la grâce – peut-il triompher de l'homme extérieur – attaché aux forces de pesanteur et aux appâts terrestres ? Seul, certainement pas. Avec l'aide demandée et acceptée de la grâce, reprise au quotidien, la métamorphose devient possible, affirme l'apôtre, apologète mais aussi moraliste et connaisseur avéré des passions dans leur double versant, inhibiteur ou constructeur du développement spirituel.

LA SAGESSE DE L'AMOUR

Une sorte de condensé, de charte, de la sagesse chrétienne – perçue comme révolutionnaire par les esprits du temps – se donne à voir dans le texte des Béatitudes de Matthieu : « Heureux ceux qui ont une âme de pauvre car le Royaume des Cieux est à eux / Heureux les doux, car ils posséderont la terre / Heureux les affligés, car ils seront consolés /...Heureux les persécutés pour la justice car le Royaume des cieux est à eux » [1]. L'inversion volontaire des valeurs et des comportements usuels est, à elle seule, une sorte de provocation. De même le plus grand commandement de la Loi, celui de l'amour de Dieu et du prochain – fût-il ami ou ennemi –, est-il tenu maintenant pour son « accomplissement ». « Aimez vos ennemis et priez pour vos persécuteurs, afin de devenir fils de votre Père qui est aux cieux » [2]. « À ces deux commandements, se rattache toute la Loi, ainsi que les prophètes », note encore Matthieu [3]. Le Christ accomplit le dessein des Ecritures et livre à l'humanité le chiffre clair de son salut. Amour, il périt à cause de cet amour. Sa résurrection transforme en gloire le tragique

---

1. La Sainte Bible, *op. cit.*, *Évangile selon Saint Matthieu*, 5, 1-12.
2. *Ibid.*, 5, 44-45.
3. *Ibid.*, 22, 40.

du Golgotha. Hegel aime à comparer la mort de Socrate et celle du Christ. Accusés l'un et l'autre puis exécutés, ils ont confirmé par la mort la vérité de leur enseignement. Tous deux sont morts pour la vérité. « Cependant avec la mort du Christ, commence la conversion de la conscience. Cette mort est le centre autour duquel tout tourne... Elle a ôté du monde le Mal » [1]. Elle réconcilie le fini avec l'infini, abolit les déchirures. Tragique, elle transcende et dépasse le tragique. Mais quel impact le christianisme aura-t-il vraiment sur la morale ? Le Christ semble bien plutôt professer une sorte d'anti-morale, dénonciatrice des valeurs en cours, s'insurgeant contre l'observance raide de la loi, contre l'effort ostentatoire, plein de lui-même et de son mérite. Il exhorte à ne pas se prendre pour centre de la réussite ou de l'échec dans la pratique de la morale évangélique, à regarder ailleurs qu'en soi, à diriger ses forces dans la prière vers le Père. « Soyez parfaits comme votre Père céleste est parfait » [2]. Telle apparaît la direction éthique ouverte par l'instaurateur de la sagesse chrétienne. Elle décentre l'homme de lui-même et l'ouvre à infiniment plus grand que lui. Peut-on cependant assigner au Christ le statut de modèle moral ?

L'IMITATION EN MORALE

Dans *La Religion dans les limites de la simple raison*, Kant réfléchit sur l'idée personnifiée du bon principe, cet idéal de perfection, cet archétype, « *descendu* du ciel vers nous et (qui) a revêtu l'humanité » [3]. Nous ne pouvons penser cet idéal de

1. Hegel, *Leçons sur la philosophie de la religion*, IIIe partie, trad. fr. Gibelin, Vrin, 1954, p. 162 et 165.

2. *Évangile selon Saint Matthieu*, 5, 48.

3. Kant, *La religion*, *op. cit.*, II, 1 section, p. 85 et *sq.*

l'humanité agréable à Dieu que sous la forme de « l'idée d'un homme qui essaie non seulement d'accomplir tout devoir humain intégralement lui-même et de répandre en même temps le bien par l'enseignement et l'exemple autour de lui le plus qu'il peut, mais qui, de plus, serait prêt à se charger de toutes les souffrances jusqu'à la mort la plus ignominieuse pour le salut du monde et en faveur de ses ennemis même » [1]. Conformément à la *Critique de la Raison Pure* de 1781, l'idéal – loin d'être une chimère ou une stérile représentation mentale –, désigne l'idée vue sous un angle concret et individuel. Il place sur le terrain de la singularité, l'universalité de l'idée ; il confère au pur possible le statut d'une force pratique, d'un principe régulateur pouvant concourir à la perfection de l'action. Par exemple, la sagesse, dans toute sa pureté, est assimilable à une idée. En revanche, le sage stoïcien, note Kant dans la première *Critique*, est un idéal. Il représente *un homme* qui n'existe que dans la pensée. Toutefois, il correspond en plénitude à l'idée de sagesse, dans un champ précis de la philosophie antique. À l'instar de l'idée qui donne la *règle*, l'idéal sert de prototype à la détermination achevée de la copie. Nous n'avons d'autre règle pour juger nos actions que « la conduite de cet homme divin que nous portons en nous et auquel nous nous comparons pour nous juger et pour nous corriger ainsi, mais sans jamais pouvoir en atteindre la perfection » [2].

L'idéal sert ainsi de norme, de mesure, de valeur de référence. Absolue perfection d'une espèce singulière, il permet d'évaluer l'écart entre ce qui est et ce qui doit être, entre l'incomplétude de l'expérience et la complétude de l'idée. Il n'est pas superfétatoire mais essentiel, corollaire indispensable de la vie de l'esprit. Il ne dérive pas de l'expérience mais

1. *La religion, op. cit.*, p. 86.
2. Kant, *Critique de la Raison pure*, trad. fr. Tremesaygues et Pacaud, Paris, PUF, 1980, p. 414.

sert à la juger. Les *Fondements de la métaphysique des mœurs*, quatre ans plus tard, reprennent l'analyse. Un exemple – même celui du parfait modèle du Saint de l'Évangile – ne saurait constituer la source de la moralité[1]. Lui-même, dans les réserves exprimées aux siens, semble, avant l'heure, préfigurer le discours kantien. «Pourquoi m'appelez-vous bon, moi (que vous voyez)? Nul n'est bon (le type du bien) que Dieu seul (que vous ne voyez pas)». Saint Matthieu[2], aux dires de Kant, dirige tout naturellement les regards vers l'invisible : la perfection du modèle relève du pur intelligible, non du sensible. Plus platonicien que Platon, Kant ne reconnaît aucune place à l'imitation en matière morale. Seule la raison détient le pouvoir de former *a priori* l'idée de la perfection morale, l'idée de Dieu comme souverain bien. Aucune expérience sensible, fût-elle la plus proche de cette perfection originaire, n'en rendra jamais compte.

En 1793, dans *La Religion dans les limites de la simple raison,* Kant persiste, tout en concédant à l'ordre du croire une modalité d'exercice propre. En effet, par la foi pratique dans le Fils de Dieu, l'homme peut, certes, devenir agréable à Dieu et bienheureux lui-même. Il peut participer au mystère christique et coopérer ainsi à l'œuvre du salut et de la grâce divine. L'acte du croire, ne récuse pas une forme d'imitation qui rend possible l'élévation au-dessus de la condition d'imperfection. Seulement, les voies de la foi se distinguent, par une précision de poids, des voies morales. Qu'est la religion, sinon la morale relativement à Dieu comme législateur ou encore la connaissance de nos devoirs comme des ordres divins[3]? Le Christ a seul enseigné la vraie religion c'est-à-dire la morale dans son

---

1. *Fondements*, II, *op. cit.*, p. 106.
2. *Évangile selon Saint Matthieu*, *op. cit.*, 19, 17.
3. Kant, *Critique de la faculté de juger*, trad. fr. A. Renaut, Paris, GF-Flammarion, 1995, § 89 et 91 et *La Religion*, *op. cit.*, p. 201.

rapport avec Dieu et sa doctrine – nettoyée des « barbouillages cléricaux » – représente même, pour le penseur de Königsberg, le système le plus parfait qu'il puisse penser.

Mais si on laisse de côté la relation à Dieu propre à la démarche religieuse, pour n'examiner que l'homme confronté à sa pure pensée et à l'action, il apparaît que sa raison moralement législatrice peut s'élever par elle-même et sans le secours d'aucune grâce surnaturelle, à l'idée personnifiée du bon principe. « Il n'est nul besoin d'un exemple tiré de l'expérience pour faire de l'Idée d'un homme moralement agréable à Dieu un modèle pour nous ; car elle se trouve déjà en cette qualité dans notre raison »[1]. Au contraire, nous sommes en mesure de reconnaître la perfection de l'exemple à proportion de l'idée que nous en avons. En d'autres termes, « la personnification du bon principe », sous la forme du Fils de Dieu, résulte de ce besoin humain et rien qu'humain, d'exprimer en un idéal l'idée de la pure perfection morale. L'idée confère à l'idéal sa valeur souveraine. La question d'un modèle extra-rationnel se trouve donc notoirement évacuée du strict champ pratique.

Nous *devons*, selon Kant, nous conformer à cette Idée. Il faut aussi que nous le *puissions*. Dans la loi morale résident l'autorité et la force d'un principe déterminant absolu pour notre libre-arbitre. Il nous incombe d'être au plus proche de l'idéal que nous portons en nous, selon notre seule faculté rationnelle dirigeant ou devant diriger la volonté. L'exemple peut, certes, aider et consolider la démarche de foi. La démarche de raison peut et doit en faire l'économie, si elle veut demeurer pure, c'est-à-dire non inféodée au sensible. La religion ne réprouve pas une certaine dépendance (hétéronomie) du principe. La morale l'en exclut radicalement. La

---

1. *La religion*, *op. cit.*, p. 87.

liberté de la volonté qui la fonde ne peut se permettre sa soudaine négation, sous peine de verser dans la contradiction. L'indépendance à l'égard des causes déterminantes du monde sensible demeure, dans l'ordre moral, la meilleure manière de caractériser la liberté de l'être raisonnable.

SAINTETÉ ET PROGRÈS

N'est-ce pas curieusement, assigner à la morale la vocation même de la sainteté, soit l'absolue pureté de la volonté ? Si l'idéal du chrétien est aussi, la sainteté, au sens de la pureté des mœurs, l'idéal moral, en ce qui concerne les fins visées, n'en est peut-être pas si éloigné qu'on pourrait le croire. Tendre, dans le domaine éthique, à l'élaboration du règne des fins sur terre, à l'avènement du règne des êtres raisonnables, des personnes se considérant mutuellement comme des êtres inaliénables et sujets de respect, s'aimant les unes les autres, selon le commandement pratique de la raison, ne se dissocie pas, à bien des égards, du devoir religieux de constituer une « cité éthique sous la législation morale de Dieu », c'est-à-dire une Église[1]. « La véritable (visible) Église est celle qui représente le règne (moral) de Dieu sur terre, dans la mesure où cela peut se faire par le moyen des hommes ». L'idée, l'archétype, de l'Église invisible – union de tous les honnêtes gens sous le gouvernement divin universel, immédiat et moral – est, là encore, nécessaire à l'élaboration de l'Église visible.

Religion et morale scellent, chacune à leur manière, le lien entre un intelligible pur irradié de lumière et un sensible plus ou moins ombré. Des devoirs stricts les structurent et l'une et l'autre, notamment celui de pureté, d'universalité, de liberté,

---

1. *La Religion*, *op. cit.*, III, section 1, § IV, p. 136.

d'invariabilité. La cité éthique de type religieux doit, notamment, être purgée de l'imbécillité de la superstition et de la folie du fanatisme [1]. Morale et religion appartiennent ainsi à l'ordre des tâches. Elles ont pour principal dessein de transcender la force brute des inclinations sensibles qui assourdissent et assombrissent la prescription du « bon principe », celle de l'impératif catégorique, qui ne suppose aucune discussion avec le devoir. L'*Opus Postumum* de Kant ne reconnaît plus l'existence de deux principes, un bon et un mauvais, mais seulement un bon qui peut subir l'attrait des sens et alors se pervertir [2]. Charge à la raison et à la volonté de ne pas se laisser séduire ! La sainteté morale est à ce prix. Mythe ou impossible réalité ? Goût exacerbé des sommets et du dépassement de soi ? Kant n'est nullement dupe de la difficulté de l'entreprise. « La conformité parfaite de la volonté à la loi morale est la *sainteté*, une perfection dont n'est capable à aucun moment de son existence, aucun être raisonnable du monde sensible » [3]. Il croit cependant à un progrès indéfini qui mènera l'homme, graduellement et après nombre de ratés, au plein développement des germes de bien qu'il porte en lui. Seule, cette destinée de l'espèce lui importe, puisque la question du progrès à l'échelle individuelle, ne revêt pour lui aucun sens.

À ce niveau d'analyse, philosophie morale et philosophie de l'histoire se rencontrent et s'éclairent mutuellement L'espèce immortelle doit atteindre à la plénitude du développement de ses dispositions [4]. Le plan général d'une nature conçue sous un mode providentialiste l'a ainsi voulu et décidé.

1. *La Religion*, *op. cit.*, p. 137.

2. Kant, *Opus postumum*, trad. Gibelin, Vrin, 1950, p. 156.

3. *Critique de la raison pratique*, trad. fr. Picavet, Paris, PUF, 1949, II, IV, p. 131.

4. *La philosophie de l'histoire*, *op. cit.*, « Idée d'une histoire universelle au point de vue cosmopolitique », troisième proposition et « Conflit des facultés ».

L'histoire en est le lent et chaotique dévoilement. Nature-providence qui ne fait rien en vain et œuvre au bien du plus grand nombre. Le mal qu'elle permet n'est ainsi qu'une ruse pour amener graduellement l'espèce humaine à l'éclosion des germes qu'elle a placés de toute éternité en elle[1]. Le philosophe Kant appartient bien à la philosophie des Lumières (*Aufklärung*) par cette confiance placée en l'espèce humaine, ce parti-pris d'optimisme qui transcende toutes les imperfections, les scandales du mal sous toutes ses formes privées et publiques, les méfaits des désordres des esprits comme des conduites, les monstruosités perpétrées par des hommes insuffisamment mûrs pour la raison et la vertu, mais néanmoins en marche, de façon cachée et inconnue d'eux de leur vivant. Par ailleurs, il ne renie pas l'héritage luthérien qui fonde son pessimisme, façonne son anthropologie, et le rend convaincu, comme aucun, du caractère universel et radical du mal comme de l'impossible sainteté sur terre. Ce connaisseur de l'humanité s'est penché sur elle, l'a scrutée et auscultée sur la grande scène du monde où elle se déploie et s'ébat.

Que lit-il dans ce grand livre de la nature humaine ? « À côté de quelques manifestations de sagesse pour des cas individuels, on ne voit en fin de compte dans l'ensemble qu'un tissu de folie, de vanité puérile, souvent aussi de méchanceté puérile et de soif de destruction »[2]. Lucidité, réalisme, conscience des ravages du mal, si l'usage des facultés n'en permet pas le frein, sinon la suppression. Des *Opuscules sur l'histoire* écrits entre 1784 et 1786 – le *Conflit des facultés*, plus tardif, date de 1798 – à *la Religion dans les limites de la simple raison*, la question du mal est lancinante. Elle revêt, en sa forme première – celle du mal moral, du

---

1. « Idée d'une histoire universelle au point de vue cosmopolitique », *op. cit.*, deuxième et neuvième propositions.

2. *Ibid.*, Introduction, p. 27.

péché, notamment – un caractère « incompréhensible » qui défie la logique exclusivement rationnelle [1].

La religion kantienne se plaçait elle-même, avec une forte charge passionnelle, lourde de polémiques, dans une situation paradoxale, où l'homme se trouve soudain avoir besoin d'un rédempteur alors que la morale l'exhorte à tout mettre en œuvre pour être et se faire son propre rédempteur [2].

Par delà les querelles de l'interprétation, les résistances de tel ou tel, le problème du mal est posé par Kant de façon centrale en morale. Sur ce fond, bien réel, de négativité, mettant sans doute en échec le désir de totale transparence rationnelle, l'homme doit se convertir et retrouver la sainteté des maximes dans l'inlassable accomplissement de la loi. Il doit surtout tendre vers le règne d'un *bien radical*, vers un monde moral, une communauté des justes : le *Corpus mysticum* des êtres raisonnables et autonomes, selon l'expression du Canon de la Raison pure [3]. Une nouvelle naissance, une régénération du « vieil homme » – autrefois pécheur, maintenant juste *(olim peccator, nunc justus)* – sont donc possibles à condition que la liberté le veuille et s'y attelle dans la durée. *La Religion dans les limites de la simple raison* met ainsi au jour une nouvelle catégorie kantienne : l'idée d'un progrès individuel, non plus réservé à l'espèce, même si celle-ci, bien sûr, ne peut qu'en bénéficier par le jeu de multiplication de ses lieux d'expression.

Le discours éthique de l'ouvrage de 1793 oscille entre les versants de la religion révélée – la question des rapports de la nature et de la grâce, celle de la justification, de la trinité, sont loin, par exemple, d'en être absentes ou mino-

---

1. *La Religion*, *op. cit.*, I, § IV, p. 65-66.

2. Voir J.-L. Bruch, *La pensée religieuse de Kant*, *op. cit.*, p. 77.

3. *Critique de la raison pure*, *op. cit.*, II, « Théorie transcendantale de la méthode », chap. II, deuxième section.

rées –, et ceux de la théologie rationnelle et morale. Aussi dissonant même que puisse paraître l'ouvrage, comparé à l'ensemble du corpus kantien, il apporte une pierre d'angle à la réflexion morale du XVIIIᵉ siècle, contre laquelle se heurteront, non sans virulence, au siècle suivant les successeurs de Kant : au nom de la religion, Kierkegaard ; au nom de l'histoire, Hegel et Marx ; au nom de l'art et de la vie, Schopenhauer et Nietzsche.

La morale n'est-elle, dès lors, qu'un stade qu'il convient de dépasser, qu'un moment de l'histoire dont la vocation même est de se nier et se dialectiser en une forme supérieure, moins formelle et abstraite comprenant la vie du droit, de l'État, universel concret, incarnation terrestre du divin ? Ou encore repose-t-elle sur un tissu de fictions, d'illusions à dénoncer, des distinctions comme celles du bien et du mal qui représentent précisément le mal par excellence ? En bref, peut-on vraiment sortir de la morale ? Opérer la déconstruction des moralismes ne redore-t-il pas curieusement le blason de la morale ?

Deuxième partie

MORALE SANS MORALISMES

INTRODUCTION

Un laisser-aller ambiant, une démission ou dilution des rôles et fonctions d'autorité, un primat accordé à la souveraineté outrancière de l'ego, à la défense exclusive de ses capricieux intérêts, tendraient à taxer la morale d'objet désuet, valable pour des âges et des mœurs révolus.

Et pourtant les crises diverses, qui frappent les démocraties modernes attestent l'urgence de repenser d'autres modes du lien social, d'autres représentations de la loi, d'autres régulations de l'exercice des libertés, fraternité ou égalité, pour ne pas sombrer dans l'anomie généralisée, s'anéantir dans le retour de la barbarie et de l'anarchie que d'aucuns disaient, autrefois, le propre de l'état de nature asocial ou présocial. S'il faut réorganiser ou fonder autrement l'état de droit, *a fortiori* faut-il doter l'état moral d'une nouvelle dynamique, en le ramenant à son essence libératrice et salvatrice.

Conférer à la morale le soin de prescrire le devoir-faire de
l'action volontaire amène nécessairement à des considérations
sur la loi. Que celle-ci s'enracine dans le cœur (selon Pascal ou
Rousseau) ou la raison (selon Kant), en l'homme ou en Dieu,
dans la nature ou dans la culture, qu'elle soit présentée comme
souple ou implacable, elle a le plus souvent pour finalité de
redresser des mœurs défaillantes, d'éduquer des hommes
enclins au laisser-aller, ou d'éveiller des consciences au savoir
au sein d'un mode de vie où l'individuel et le social s'inter-
pénètrent sans cesse. « La vraie morale se moque de la morale »,
comme la vraie éloquence de l'éloquence, aime à dire Pascal [1].
Il indique par là qu'il est entre elles des différences de degré
et sans doute de nature, mais que seule importe et vaut celle
qui élève l'âme au-dessus de la sphère des interdits et des
commandements, au-dessus des seules obligations. La « vraie
morale » dépasse ainsi le cercle de la contrainte et de la répres-
sion, l'ordre punitif de la coercition. Elle remplit au mieux sa
vocation d'épanouissement de l'homme. Dès lors, se moquer
de la morale est sans doute le préalable requis pour la prendre
au sérieux, comme se moquer de la philosophie ouvre à
l'authentique philosopher.

Dans cet esprit, certains philosophes comme Spinoza,
Nietzsche, et Bergson, peuvent apparaître les hérauts de la
morale détectrice de ses faux-semblants, en ce que chacun
d'eux célèbre la vie, à sa manière. Spinoza s'établit délibérément au-delà du bien et du mal dans l'unique dessein de
donner à voir et comprendre la Nature-Dieu, de saisir, dans son
œuvre expressive, la vie. Nietzsche dépasse les impératifs des
morales existantes pour libérer le plus possible la volonté de
puissance et la valeur de la création. Moraliste immoraliste
souvent, il demeure dans la sphère prescriptive et exhorte

---

1. Pascal, *Pensées*, Brunschvicg (éd.), Paris, Garnier, 1976, N°4.

l'homme, en constance, au dépassement de soi. Bergson repère dans l'histoire humaine les figures exemplaires qui incarnent plus que d'autres l'élan vital et élèvent l'espèce à un degré supérieur.

La morale, en ces exemples, ne se confond avec aucun des moralismes qui la dénaturent. Elle demeure proche de l'idée pure, de l'idéal, de la norme qui transcende ses représentations mensongères et falsifiées. Elle ne se laisse pas corrompre ou altérer par elles mais, au contraire, incite à la réalisation la plus conforme au modèle. Si l'on n'a pas en soi l'idée de république, disait en substance Kant, aucune république ne pourra se bâtir sur la terre des hommes. Si l'on n'a pas l'idée de morale, aucune ne parviendra à réguler les pulsions de violence et de mort qui habitent aussi l'animal humain, aucune ne permettra aux égoïsmes de se dépasser, n'empêchera les intérêts et les passions de régner selon l'arbitraire de leurs lois. Si l'on n'a pas la volonté de donner chair à l'idée, l'écart entre un ciel théorique et un enfer pratique ne fera que s'accentuer. Il est du devoir et de la responsabilité de l'homme de collaborer *hic* et *nunc* à l'œuvre du bien privé et public.

CHAPITRE PREMIER

AU NOM DE LA LOI

LA PRESCRIPTION

Les philosophies ouvrant sur la morale, que celle-ci soit fondée sur la naturalité de l'homme – le sentiment, la spontanéité du mouvement du cœur, par exemple – ou sur sa domination, par une coercition et une discipline forte, mettent toujours en jeu un ensemble de prescriptions distinctes de leurs homonymes juridiques ou médicaux. Qu'elles valorisent le libre épanouissement de l'homme, l'accroissement de son être et de sa puissance, l'affirmation de sa volonté et de sa responsabilité, le salut de son âme, la domination de soi, la culture du lien interpersonnel par la sympathie universelle – pitié, charité, amour de soi, c'est-à-dire de la condition humaine, par opposition à la clôture de l'amour-propre, refermant sur une singularité insulaire, – elles opèrent par le truchement du devoir-être, ou du devoir-faire ou du devoir-agir. Les opérateurs du langage moral renvoient autrement que le droit ou la médecine au « tu dois », « il faut », « il est obligatoire de ». Ils ne réfèrent pas seulement au respect d'un code de normes

sociales, arrêtées avec précision et dans une extériorité aux
frontières aisément repérables. Il n'est pas de vie morale sans
consultation de la conscience, sans débat intérieur, sans visée
du bien sinon du bonheur – ou du non-malheur – sans
recherche de la justice, du salut de l'âme, de la paix du corps et
des affects, sans mouvement d'universalisation dépassant les
sphères régionales, plus ou moins closes de la stricte société.
La référence à la transcendance peut en être la source comme
aussi la pure immanence. La métaphysique peut fonder la
morale ou la morale la métaphysique, cela ne modifie pas
l'essence prescriptive de la sphère morale.

Dans une étroite proximité avec la pensée grecque ou
chrétienne, Pascal n'hésite pas à écrire dans la concision de la
langue aphoristique : « Travaillons donc à bien penser ; c'est là
le principe [fondement] de la morale » [1]. Bien penser, c'est ici
ne pas se tromper de centre. La gloire et le rebut de l'univers
qu'est l'homme ne peut en constituer un. Seul Dieu, par
définition le peut. Malebranche, dans son *Traité de morale* de
1684, assigne à l'homme trois ordres : connaître (le vrai bien),
l'aimer et en jouir [2]. Par notre raison, nous devons participer à
la Raison et à l'Ordre universel. En cela réside la vertu qui
consiste à travailler à notre perfection et à nous rapprocher du
vrai centre de notre être. « Il faut tâcher de faire taire ses sens,
son imagination et ses passions, et ne pas s'imaginer qu'on
puisse être raisonnable sans consulter la Raison »[3]. L'homme
est libre ; il peut « mériter et démériter » [4]. Ou le choix de Dieu
ou le choix de l'homme et son cortège de concupiscences,
intellectuelles, affectives, matérielles. Et Spinoza, dans le
Traité de la Réforme de l'entendement (*ou de la meilleure voie*

---

1. *Pensées*, Brunschvicg (éd.), N° 347.
2. Malebranche, *Traité de morale*, Paris, Vrin, 1963, I, 1, § 18.
3. *Ibid.* I, 2, § 10 et *sq.*
4. *Ibid.* I, 1, § 15.

à suivre pour atteindre à la vraie connaissance des choses),
écrit probablement en 1661, dans une démarche éthico-
religieuse, recherche le souverain bien. Il ne peut consister ni
dans le plaisir sensuel, ni dans les honneurs ni dans la richesse,
tous voués à périr, à changer, à faire renaître l'insatiable désir,
à engendrer la tristesse ou l'insatisfaction. Seule la connaissance de Dieu, c'est-à-dire de la Nature, partagée avec d'autres,
peut élever l'homme au-dessus de l'attrait jamais rassasié des
appâts sensibles. « Il faut réfléchir sur le moyen de guérir
l'entendement et de le purifier », pour parvenir à la libération
et à la perfection de l'homme [1]. L'union au vrai et souverain
bien passe par une réforme de la connaissance et de l'action.
Il ne faut pas confondre les moyens et les fins. Richesse,
honneurs, plaisir sensuel, peuvent être de bons moyens s'ils
sont mesurés et subordonnés à la fin ultime, l'union à Dieu. La
prescription est autant intellectuelle que morale et spirituelle.
Elle se fonde sur un changement de regard concernant l'essentiel et l'accidentel, sur une conversion de l'esprit, sur une autre
manière de voir, de comprendre et, bien sûr, d'agir.

La morale relève d'un travail sur soi, générateur de
métamorphoses tant dans l'ordre de l'accès au vrai que dans
l'accès au bien. La pensée grecque antique, dans son registre
propre, l'avait déjà établi. La pensée classique reprend l'héritage, enrichi par des siècles de monothéisme et met l'homme
face à ses responsabilités. Ni ange ni bête, milieu entre l'un et
l'autre, il peut s'élever ou s'abaisser au gré de ses choix, de ses
tâtonnements, de ses avancées comme de ses reniements. Il
peut vouloir savoir ce qu'il convient de faire. Il peut préférer
l'ignorer. Il peut aussi ne pas encore savoir qu'il ignore et
s'ouvrir pourtant, comme à son insu, à la science prochaine. Sa
responsabilité, sans laquelle il n'est pas de conduite morale,

---

1. Spinoza, *Traité de la réforme de l'entendement*, trad. fr. Ch. Appuhn,
Paris, GF-Flammarion, 1964, § 1 – 17.

est en jeu, positivement ou négativement. Il ne peut échapper à lui-même, doté qu'il est de raison et de volonté.

IMPUTABILITÉ ET RESPONSABILITÉ

Le mensonge est sans doute de tous les vices, ce que Kant fustige le plus, avec une constante sévérité. La prescription du bien ne se dissocie pas du devoir du vrai. Mentir est toujours un acte pernicieux, à proscrire, quand bien même seraient avancées, avec la meilleure conscience du monde, des pseudo-raisons désireuses de lui conférer une certaine légitimité. La *Critique de la raison pure*, en des pages aux accents dignes d'un traité de morale, montre combien l'homme qui ment ne peut, sous quelque (faux) prétexte que ce soit, être délié de la responsabilité de son acte. Qu'il ait été causé par les effets néfastes d'une éducation, par l'absence de celle-ci, renforcé par de mauvaises fréquentations, de mauvaises influences, ou encore par un naturel méchant, il n'en demeure pas moins répréhensible, condamnable et imputable en totalité, et non seulement en partie, à son auteur. Jamais des circonstances périphériques au sujet de liberté et de raison qu'est la personne humaine ne le délieront du poids de ses actes. L'homme n'est pas seulement « nature », livré au déterminisme de forces extérieures à sa volonté pouvant structurer son être empirique, il est aussi liberté et raison première et entière de ses actes (*causa sui*). Aucune causalité naturelle ne peut entacher la causalité rationnelle. Le sensible n'explique pas l'intelligible. La pureté de l'acte est au prix de cette distinction. La respon-sabilité morale aussi. « L'action est attribuée au caractère intelligible de l'auteur : il est entièrement coupable à l'instant où il ment ; par conséquent, malgré toutes les conditions empiriques de l'action, la raison était pleinement libre, et cet acte doit être entièrement attribué à sa négligence » [1].

La raison, invariante, irréductible à la chose physique, ne subit pas les assauts du temps, des circonstances, des influences, autres noms des déterminations extrinsèques. Elle est toujours la même, présente, dans les actions de l'homme, même s'il commet des actes répréhensibles, ne relevant pas d'elle mais de la sensibilité. Déterminante mais non déterminable, cause purement intelligible, inconditionnée, transcendant par son éclat, la série des causes sensibles, empiriques, elle fonde la liberté comme la responsabilité des actions humaines. Sur les raisons de la possibilité même de l'immoralité de l'acte, la *Critique de la raison pure* ne se prononce pas. Cela outrepasse les limites de son enquête et de son objet. Mais en constance, dans l'œuvre éthique, le mensonge est présenté par Kant comme un abandon, une négation de la dignité humaine, un crime de l'homme envers sa propre personne, s'il s'agit du mensonge intérieur, un crime contre autrui, s'il s'agit du mensonge extérieur [2]. La source du mal, telle qu'elle est relatée dans la Bible, ne provient-elle pas du menteur, le père des mensonges, précise, en 1797, la *Doctrine de la Vertu* ? Dans son registre allégorique, la Bible désigne par Satan le mal par excellence. De son côté, la philosophie morale ne peut donner sa caution à un « prétendu droit de mentir par humanité », pour reprendre le titre d'un ouvrage de Kant de la même année 1797. Le mensonge demeurera toujours injustifiable moralement, quels qu'en soient les mobiles et manifestations.

À l'heure même de sa mort, il ne faut pas se mentir à soi-même en cherchant une parade à la crainte de mourir. Il

---

1. *Critique de la raison pure*, *op. cit.*, p. 406.
2. Kant, *Métaphysique des mœurs*, *Doctrine de la vertu*, trad. fr. A. Philonenko, Paris, Vrin, 1985, I, livre I, section II, § 9.

ne faut pas céder à la tentation de décharger sa conscience sur un tiers – fût-il mandaté pour cela, en la personne du prêtre. Il ne faut pas considérer la religion comme un « opium de la conscience », selon la formule de *la Religion dans les limites de la simple raison* [1]. La conscience morale doit jusqu'au bout, regarder en face, en pleine lumière, le déroulement de sa vie, s'ériger elle-même en censeur de ses actes et non s'inventer la fiction d'un juge extérieur et céder à la puissance, angoissante ou consolante, de son mirage. À déjouer les séductions mensongères de la consolation à peu de frais, Kant semble s'être employé dans le registre de l'extrême. La morale qu'il érige dans le but de river l'homme à ce qu'il est en lui de plus grand, de plus beau, de plus unique, peut, à certains égards, prêter le flanc à une critique éprise de nuances, d'exceptions, de dérogations à la règle. La rigueur est ici absolue et déjoue toute conduite de détour. Nulle casuistique ne peut venir en amoindrir la force logico-mathématique soucieuse avant tout de non-contradiction. Visant à l'autonomie, désireuse de libérer l'homme d'entraves internes ou externes, elle ne peut que désigner clairement et distinctement les conditions de possibilité de l'avènement de sa liberté comme du déploiement de sa responsabilité.

LE RESPECT

La droite intention, une volonté reconnaissant la loi du devoir dans la raison qui la lui dicte, un sens aigu de l'universel, cause et fin de la conduite morale, la claire détection d'un bien « objectif », non sujet à variation ou interprétation à l'infini, constituent les axes fondamentaux d'une morale qui

---

1. *La religion dans les limites de la raison*, *op. cit.*, II, section I, note 1, p. 105.

suscita, en son temps, une fascination-répulsion, vivace encore aujourd'hui, sans nul doute. On l'accusa de formalisme abstrait – en raison du primat de l'intention sur le résultat de l'acte –, de logicisme étroit, négateur de l'ambiguïté existentielle, d'universalisme vide et voué à l'impossible réalisation. Hegel y voit un terrain propice à la culture de la « belle âme », préférant les délices de son intériorité aux choix toujours cruels et difficiles de l'action située. Il subordonne la *Moralität* – morale individuelle, subjective, « abstraite », car séparée du développement de l'histoire des hommes – à la *Sittlichkeit* – morale réalisée dans les institutions objectives, celles de l'État et du droit [1].

Quand bien même les critiques garderaient, dans leur sévérité et leurs mises en garde contre une certaine « inhumanité », une certaine « abstraction », une réelle pertinence, elles n'altèrent pas l'univocité d'un message qui rappelle constamment à l'homme la difficulté et l'austérité de l'action morale, conditions pourtant de ce qui le rend « digne d'être heureux ». Le bonheur n'est pas absent de la recherche kantienne mais il n'est pas le terme de l'éthique. La morale ne nous enseigne pas, en effet, comment « nous devons nous *rendre* heureux, mais comment nous devons nous rendre *dignes* du bonheur » [2]. La pratique de la vertu peut préparer l'accès à une vie heureuse moralement, sans que cette dernière soit un résultat visé, car ce serait entacher d'hétéronomie une doctrine qui n'a de cesse d'exhorter à la plus grande autonomie par rapport aux déterminations empiriques. Le bonheur n'échoit pas à l'homme comme un dû ou une propriété inhérente à sa nature.

---

1. Hegel, *Phénoménologie de l'Esprit*, trad. fr. Hyppolite, Paris, Aubier-Montaigne, 1947, I, p. 348 et II, p. 144 et *sq.*
2. *Critique de la raison pratique*, *op. cit.*, p. 139. et *Fondements de la métaphysique des mœurs*, *op. cit.*, I, p. 81 et 85-86.

Le respect pour la loi, cette forme d'amour moral qui opère le lien entre la subjectivité toujours plus ou moins fragile et chancelante et l'objectivité radieuse des commandements du devoir, atteste l'essentialité d'une médiation affective et rationnelle tout à la fois. Respecter, c'est aimer plus grand que soi, reconnaître une valeur qui élève et grandit mais aussi fait agir. Du respect pour la loi qui commande de l'aimer procède le respect envers autrui et la reconnaissance de sa dignité, de sa valeur qui n'a pas de prix marchand. Le mépris, au contraire, consiste à juger une chose comme n'ayant pas de valeur[1]. De l'amour de la loi découle tout naturellement le devoir d'amour de l'homme envers lui-même et les autres hommes. Qu'est le règne des fins sinon le règne du respect mutuel exclusif de toute aliénation ou exploitation de l'homme par l'homme, à l'échelle privée et publique? Les États aussi doivent se respecter et passer entre eux des contrats inviolables visant à instaurer et entretenir leur reconnaissance mutuelle ainsi que la paix perpétuelle.

Kant exhorte l'homme à être digne de sa qualité d'homme. Pour cela, la nature et le règne des seuls besoins ne peut à l'évidence suffire. Il en faut un autre, celui des fins raisonnables et morales, générateur d'une « sublimité » qui n'est pas donnée mais à réaliser. L'ordre prescriptif du devoir s'adresse à une volonté capable de se transcender, de ne pas s'enliser dans l'immédiateté du seul appétit et de ne pas se complaire dans les détours raffinés de l'intérêt ou du calcul. Le respect, condition de la pratique morale, de l'effectuation de la loi par le truchement de la maxime, concourt hautement à cette œuvre. Il ne peut qu'épanouir l'appel de l'homme vers un intelligible en instance de « réalisation » dans le sensible. Bien que sentiment référant par définition à l'ordre du sensible, il

---

1. *Doctrine de la vertu, op. cit.*, I, IIe partie, section 1, chap. 2, § 37-38.

n'est pas *reçu* par influence mais produit spontanément par la raison, comme aime à le préciser Kant dans une note des *Fondements de la Métaphysique des mœurs* [1]. Il se distingue des autres inclinations ou des penchants inspirant de la crainte, même s'il offre, par ailleurs, quelques analogies avec eux. Il détient une spécificité qui le fait briller d'un éclat à part, comme la bonne volonté. «L'*objet* du respect est donc simplement la loi, loi telle que nous nous l'imposons à *nous-mêmes*, et cependant comme nécessaire en soi» [2]. Ce sentiment n'a de sens que dans l'univers des personnes. Il ne s'adresse jamais aux choses qui n'ont pas «d'intérêt moral».

Reconnaître en l'homme – en sa personne comme en celle d'autrui – une fin en soi et non un moyen, c'est respecter une dignité inaliénable et s'engager à n'y jamais porter atteinte, sous quelque prétexte que ce soit. Le devoir de l'amour rencontre aussi bien celui de la conservation de soi. On ne doit ni se suicider ni faire de fausse promesse; mentir, trahir la parole donnée sont également préjudiciables. Ils attestent la préférence de l'inclination immédiate, au mieux amorale mais très souvent immorale, au service exclusif du dieu égocentrisme ou égoïsme. Le respect demeure ainsi la médiation qui renforce l'inconditionnelle reconnaissance de la beauté et de la véracité de la loi. Exister pour Kant, n'est-ce pas avant tout, admirer? Les lignes de conclusion de la *Critique de la Raison pratique* peuvent en servir d'illustration. «Deux choses remplissent le cœur (*Gemüth*) d'une admiration et d'une vénération toujours nouvelles et toujours croissantes, à mesure que la réflexion s'y attache et s'y applique: *le ciel étoilé au-dessus de moi et la loi morale en moi* » [3]. La première me fait mesurer ma petitesse, la seconde ma grandeur et ma propension à

---

1. *Fondements de la métaphysique des mœurs, op. cit.*, I, note p. 94-95.
2. *Ibid.*
3. *Critique de la raison pratique, op. cit.*, p. 173.

m'élever au-dessus de la seule animalité ou de la seule sensibilité, si toutefois j'y consens. On comprend que, pour Kant, le « tu dois » entraîne nécessairement, si l'on est cohérent avec soi, un « je veux », qui vaut en même temps pour tout être raisonnable[1]. La patrie morale est ouverte à tous, sans distinction aucune. Elle dessine les contours du règne de l'homme accompli, raisonnable, membre et législateur de cette république morale dont chacun peut, s'il le veut, se faire sans relâche l'actif artisan.

LOI DU CŒUR ET LOI DE VOLONTÉ

Qui dit morale dit ici travail de l'homme, mise en jeu de forces, de contraintes ou d'obligations, pour discipliner des tendances, promptes, par essence, à entraîner sur les seuls versants du plaisir immédiat ou du caprice de l'instant, celui qui s'y adonne. D'autres ont eu, depuis la plus haute Antiquité, le souci de fonder la morale sur la nature, norme sacrée des agissements moraux et principe d'une féconde imitation. Certains, comme Rousseau, dirigent vers l'écoute infaillible du cœur, instance rectrice de la moralité et de l'action, guide plus sûr qu'une certaine raison, trop sujette aux complexités de l'analyse et finalement inhibitrice. Il se plaît à construire, peu après 1750 et le succès du *Discours sur les sciences et les arts*, la fiction d'un homme naturel, mû notamment par le désir spontané de bien faire, qui l'amène à se porter par exemple, sans réfléchir au secours d'autrui dès que celui-ci souffre. Le *Discours sur l'origine et les fondements de l'inégalité parmi les hommes*, publié en 1755, trace le portrait de cet homme primitif que la civilisation n'a pas encore abîmé. Altruiste,

---

1. *Fondements de la métaphysique des mœurs, op. cit.*, III, p. 174.

soucieux des autres autant que de lui-même, il est poussé à aimer, à rendre service à qui en a besoin. La nature lui a légué la pitié, cette disposition primitive au bien, et dont toutes les autres dépendent. La générosité, la clémence, l'humanité, la bienveillance, l'amitié n'en sont, en effet, que des expressions dérivées. La passion pourrait constituer ainsi un des fondements essentiels et sûrs de la moralité.

L'Émile, sept ans plus tard, ne dépeint pas un être de fiction mais un homme spontanément bon, préservé par miracle des malformations de l'éducation des hommes, philanthrope et solitaire à la fois, autonome et généreux, dont le maître suprême est la nature qu'il écoute et vénère. À l'opposé de l'homme civil qui ne vit que dans l'apparaître, l'absence de transparence et le rapport artificiel au corps social dont il est une « unité fractionnaire », l'homme naturel est pleinement lui-même, un tout parfait, isolé, « une unité numérique, un entier absolu qui n'a de rapport qu'à lui-même ou à son semblable » [1]. Son amour de soi, non corrompu en amour-propre, se dilate jusqu'à autrui, son nécessaire *alter ego*. D'un côté, l'homme naturel et naturellement bon, de l'autre, l'homme civil qui a perdu la transparence d'origine mais doit la retrouver par l'œuvre de la vertu. Deux hommes, deux morales. Deux activités : celle de la nature, pourvoyeuse de tout et rectrice des conduites bonnes ; celle de la volonté qui, par l'effort consenti, doit pratiquer la difficile vertu pour tenter de se rapprocher du modèle initial ; l'œuvre souterraine et bienfaitrice de la nature dont l'homme non encore perverti par la société peut, à certaines conditions, être le dépositaire et celle de l'homme civil, régénéré par la lutte et l'effort volontaire. *L'Émile* montre la coexistence de deux êtres dont les qualités de l'un éclairent les défauts de l'autre. Le *Contrat*

1. Rousseau, *Émile*, I, Paris, GF-Flammarion, 1966, p. 39.

social annonce de façon laconique, en ses premières lignes, une évolution somme toute tragique, caractérisée par la perte et l'amputation d'une nature initiale : « l'homme est né libre, et partout il est dans les fers ». Si l'on compare les deux ouvrages, la morale civile du *Contrat* est une morale de la raison qui élève à l'universel celui dont l'être et le sens proviennent de son rapport à l'ensemble des contractants. Elle veut sortir l'homme de l'empire de la servitude, de l'inégalité, de la dissimulation, propre à l'existence sociale. Elle signe l'avènement d'un homme nouveau, régénéré, mûr pour une liberté nouvelle, riche de contraintes assumées et voulues et sans lesquelles la nouvelle cité n'existerait pas. L'*Émile* valorise une morale naturelle qui confère une place essentielle au cœur, au sentiment, et à leurs élans initiaux. Il se centre sur la singularité non exclusive de celle d'autrui. Il rétablit les vertus de l'être contre les vices de l'apparaître. Émile n'arborera pas les masques de l'homme du monde. « Le masque n'est pas l'homme »[1]. Il le défigure et l'aliène. Et les visages sont infiniment plus beaux que ce qui les recouvre.

Le livre IV de l'ouvrage consacré à l'éducation offre, à bien des égards, des leçons de sagesse. Les sources du mal sont mises au jour : la perte de la spontanéité et de la primitive simplicité, l'amour-propre « qui se compare », le mensonge, le port du masque social, la recherche effrénée du paraître préférée à l'être, les études mal faites, les contraintes illégitimes du corps ou de l'esprit, les inégalités, les injustices etc. Il faut rappeler à Emile que l'homme est naturellement bon, que l'état de nature se distingue de l'état civil par l'égalité réelle – et non chimérique ! – de tous. Qu'il le sache, le sente, ne l'oublie plus[2]. Les règles pour se conduire et remplir sa destination terrestre ne sont-elles pas tout simplement inscrites au

1. *Émile*, *op. cit.*, IV, p. 307.
2. *Ibid.*, p. 306-308.

fond du cœur, « écrites par la nature en caractères ineffa-
çables » [1] ? Nul besoin de les chercher là où elles ne sont pas, au
fronton d'institutions profanes ou sacrées « Je n'ai qu'à me
consulter sur ce que je veux faire : tout ce que je sens être bien
est bien, tout ce que je sens être mal est mal : le meilleur de tous
les casuistes est la conscience ». La conscience, cet « instinct
divin », cette « immortelle et céleste voix », ce « guide assuré
d'un être ignorant et borné mais intelligent et libre » [2] suffit à
diriger Émile. Exister n'est-ce pas d'abord sentir ? Les sentiments précèdent les idées ou l'exercice compliqué et savant de
la rationalité. Les premiers mouvements du cœur guident les
premières voix de la conscience et les premiers sentiments
d'amour et de haine engendrent les premières notions de
bien et de mal [3]. Les *Confessions* de Jean-Jacques, tellement
désireuses de se livrer à nu, diront-elles, en leurs pages
immortelles, autre chose ? La moralité dépend du sentir et
l'immoralité a souvent sa source dans un sentir perturbé,
contrarié, dès son premier essor. On ne sait que ce que l'on a
expérimenté dans la chair souvent meurtrie des affects. La
mémoire morale est d'abord inscrite dans les cœurs et les
premiers émois de ceux-ci.

Dans l'*Emile*, la loi de l'homme naturel est simple,
prescrite par le divin Auteur de la nature qui a tout organisé
pour le mieux et dont il faut, en soi et rien qu'en soi, retrouver
trace. Celle de l'homme civil est complexe et suppose des
sacrifices, notamment celui de l'individualité pensée, sentie et
désirée comme insulaire. La première prescrit des choses
douces, correspondant à la nature de l'homme ; la seconde
exige des dépassements constants de cette nature dont il ne
reste peut-être comme témoin vivace de sa survivance, que la

1. *Émile, op. cit.*, IV, p. 372 et *sq.*
2. *Ibid.*, p. 378.
3. *Ibid.*, p. 305.

force toujours présente, des inclinations. Mais il faut les discipliner, les réduire au silence, les mettre au service de la chose publique, substituer la justice à l'instinct, selon les mots mêmes du *Contrat social*. « Alors seulement, la voix du devoir succédant à l'impulsion physique et le droit à l'appétit, l'homme qui, jusque-là n'avait regardé que lui-même, se voit forcé d'agir sur d'autres principes, et de consulter sa raison avant d'écouter ses penchants » [1]. L'existence sous les lois décidées en commun du contrat social est au prix de cette radicale métamorphose et conversion. La loi sociale fait perdre au contractant sa liberté naturelle mais lui fait gagner la liberté civile avec son cortège de droits et de devoirs, autrement dit de mutilations volontaires. La moralité, comme existence placée sous l'égide du devoir, naît de l'association politique. Rousseau a montré que traiter séparément la politique et la morale revient à n'entendre rien à aucune des deux [2].

Au bilan, le *Contrat social* montre la successivité de deux modes d'être. Dans une origine dont il n'est ici quasiment rien dit, l'homme vivait sous la loi de la nature. Sa naissance à la société régie par les lois du contrat l'en éloigne et l'en rapproche à la fois. Par l'artifice de la machine politique, il doit être possible de retrouver quelque chose de l'origine perdue et de ses vertus propres. Être et devoir-être, par la grâce du contrat, doivent s'harmoniser au point de ne faire qu'un. « Le souverain, par cela seul qu'il est, est toujours ce qu'il doit être » [3]. La perfection, par l'adéquation des deux ordres, celui de l'expérience et de l'idéal, peut-elle être davantage affirmée ? L'avènement de la volonté générale qui transcende la seule somme des volontés individuelles, institue, par définition, l'ère politique et morale du bien. Elle crée une seconde nature

---

1. Rousseau, *Contrat social*, Paris, GF-Flammarion, 1966, I, 8.
2. *Émile, op. cit.*, IV, p. 306.
3. *Contrat social*, I, 7.

qui garde de la première les vertus de l'épanouissement, mais au prix de l'effort et du combat contre les tendances spontanées à l'égoïsme et la faveur trop vite et étourdiment accordée à la sphère privée, réduite maintenant à son minimum. L'engagement à suivre les règles que l'on s'est prescrites scelle l'unité et la force des contractants. Nul, sous peine d'être inconséquent avec les décisions librement prises, ne peut désormais s'y soustraire. Si, par malheur, la chose se produisait, il est du devoir du corps de le ramener en son sein. Il y aurait faute morale et politique mais aussi violation de la logique, à le laisser paître tout à coup en liberté, comme si le contrat n'avait été rien de plus qu'un vain formulaire.

Par l'éducation, Rousseau démontre que la nature peut être retrouvée et dévoilée. Par la volonté, il est possible de se débarrasser du « vieil homme » et d'en instaurer un nouveau, au plus proche du modèle de l'origine non pervertie, non dégénérée. Le *Contrat social* et l'*Émile* tracent, dans des langues différentes, ce chemin d'un retour souhaité à ce temps d'avant la chute. Le respect de la loi de nature pour le second, de la loi de la volonté éclairée par une raison « pure », pour le premier, en est l'irrépressible condition. Seule l'obéissance à la loi qu'on se prescrit est liberté, scande le *Contrat*. Suivre l'impulsion et les caprices des penchants signe l'aliénation et l'existence infrapolitique de la régression. Le Rousseau de l'*Émile* cherche à redonner ses lettres de noblesse au socle naturel non vicié, riche et plein encore de sa lumière d'origine : le cœur. Il en écoute les préceptes et, sur eux, fonde une morale. Dissonance, consonance ? Complémentarité des points de vue et des angles d'approche sur l'homme, par essence ambigu ? L'*Émile* fait confiance aux affects. Le *Contrat* s'en méfie et croit davantage à la puissance des lois qu'à la rectitude spontanée de l'appétit. Kant tient en laisse, toujours, l'ordre impur du sentir. Il n'accorde aucun crédit à l'ambiguïté, propre à la vie des inclinations et source avérée du mal. Il met tout en œuvre pour en réduire les méfaits. Le développement du bon penchant triomphant du mauvais est, sans conteste, pour lui, à ce prix. La cohérence est de mise chez deux penseurs qui n'ont pas, à bien des égards, la même conception de l'homme ni la même approche de la question morale. Néanmoins, Rousseau et Kant s'emploient à asseoir le plus fermement possible, le développement et l'épanouissement de la créature humaine qu'ils veulent délivrer de son malheur originel.

CHAPITRE II

AU NOM DE LA VIE

AU-DELÀ DU BIEN ET DU MAL

Ceux qui ont fait œuvre de morale directement ou indirectement, ont vanté les mérites de ce qui se tient au-delà du bien et du mal, valeurs somme toute fort relatives, ainsi que le notait déjà aux environs de 1660, Spinoza dans le *Court Traité*[1], consacré à Dieu, à l'homme et son état bienheureux. Le bon et le mauvais résultent d'abord du point de vue de l'homme sur les choses et consacrent des notions que l'homme forge à partir de la seule comparaison. On ne dit qu'une chose est mauvaise et nuisible que par rapport à une autre qui nous semble bonne et utile. Il en va de même pour l'appréciation es humains, lors d'une première approche tout du moins. On dit qu'un homme est meilleur ou pire qu'un autre, à partir du simple jeu des rapports comparatifs. Modes de penser,

---

1. Spinoza, *Court Traité*, trad. fr. Ch. Appuhn, Paris, GF-Flammarion, 1964, I, chap. X, 1 et 2. Voir aussi *Pensées Métaphysiques*, I, 6 et II, 7; *Éthique*, trad. fr. Misrahi, « Bibliothèque de la Pléiade », Paris, Gallimard, 1965, IV, Préface, définitions I et II et propositions 64, 65 et 68.

auxiliaires de l'imagination, le bien et le mal se déterminent par le tâtonnement de l'expérience et la confrontation
d'exemples. Ils ne peuvent offrir, à ce niveau, une quelconque
garantie pour le jugement et demeurent « inadéquats »,
générateurs d'incertitudes et bien souvent source d'erreurs
ou de vérités mutilées. Ombres et spectres alimentés par
l'imaginaire, ils font incontestablement écran à la lumière
du vrai.

L'*Éthique* s'applique à conférer aux notions une réalité
objective, les délivrant du flou et des inexactitudes inhérents
aux modes de connaissance inférieurs à la connaissance rationnelle. Ainsi elle retient – en vertu du critère de l'excellence de
la vie consacrée à la raison et à la sagesse qui en dérive –
comme définition du bon, ce que nous savons avec certitude
nous être utile et mauvais, ce que nous savons avec certitude
empêcher que nous ne possédions quelque bien [1]. Est bon ce
que nous savons clairement et distinctement nous diriger vers
la possession du souverain bien, mauvais ce que nous savons
nous en détourner ou nous en décourager. Le fondement du
jugement ne réside plus dans l'aléa de la comparaison empirique mais dans l'attention scrupuleuse portée à la raison. « Le
souverain bien (*summum bonum*) de l'esprit est la connaissance (*cognitio*) de Dieu et la souveraine vertu de l'esprit est
de connaître (*cognoscere*) Dieu » [2]. Si nous étions libres,
parfaitement réalisés, c'est-à-dire vivions complètement sous
l'égide de la raison, poussés seulement à être et à agir par
l'effet d'idées adéquates, passées au crible de la critique et de
l'analyse rationnelles, nous n'aurions aucune idée ni du bien ni
du mal, ni besoin de celles-ci [3]. Est-il plus grand mal, pour
Spinoza, que ce qui se loge dans la négative idée du mal ?

1. *Éthique, op. cit.*, IV, définitions.
2. *Ibid.*, IV, prop. 28.
3. *Ibid.*, IV, prop. 68.

La vraie morale, celle du sage devenu tel par son union intellectuelle à Dieu c'est-à-dire la Nature, transcende – ô combien – ces dualismes notionnels, signes de l'infirmité de l'entendement comme de l'incertitude qui en résulte dans l'ordre de l'action. Le vrai bien consiste à s'accorder avec notre nature, expression de la Nature divine [1]. La raison est ainsi le principe de l'épanouissement individuel et du rapprochement pacifique des hommes. Le bien moral ne se dissocie pas, là encore, du bien politique ni le vrai de l'action comme de la vie bonne. Si le désir, du moins celui qui ne naît pas de la raison, celui qui reste voué à l'empire nocif de l'excès, est une source manifeste de dissension entre les hommes, la raison et le désir qui en émane fondent le lien social, assurent la concorde et permettent à chacun comme à tous la joie, c'est-à-dire le passage dynamique à une perfection plus grande [2].

L'éthique spinozienne s'attache à délivrer l'homme de ce qui le diminue, l'ampute de lui-même, l'aliène et cultive en lui les forces négatives de l'asservissement, le goût malsain des passions tristes ou la complaisance dans les tortures du négatif. Elle développe, au contraire, une sorte de passion rationnelle de la connaissance, génératrice de joie, d'expansion voire d'explosion de l'être, d'action bonne et de pensée droite. Elle ouvre à la plénitude de la vie. « L'homme libre ne pense rien moins qu'à la mort, et sa sagesse est une méditation non de la mort, mais de la vie » [3]. Le bien, le vrai, consistent à « agir, vivre, conserver son être selon le principe qu'il faut chercher l'utile qui nous est propre ». Alors seulement, le sage s'avance vers la béatitude. Par l'amour intellectuel de Dieu, il s'en rapproche et participe de sa nature. L'homme n'est-il pas, ainsi que beaucoup le disent dont Hobbes, note Spinoza, un Dieu

1. *Éthique*, *op. cit.*, IV, prop. 31.
2. *Ibid.*, III, Définitions des sentiments.
3. *Ibid.*, IV, prop. 67.

pour l'homme [1]? Nature naturante – Dieu en tant que cause libre et substance infinie – et Nature Naturée – ensemble des modes qui sont en Dieu – ne peuvent, en effet, se penser dans la disjonction mais seulement dans l'éclairage mutuel et l'interdépendance. La première donne sens et réalité à la seconde. La seconde atteste l'existence de la première. La vie divine se donne à voir dans la vie du monde et particulièrement dans celle de l'être pensant.

Philosophe de l'éternité de l'esprit qu'il dévoile dans le cinquième et dernier livre de l'*Éthique* [2], Spinoza confère à la Moralité (*Pietas*) et à la Religion un statut de tout premier ordre : elles se rapportent et l'une et l'autre à la force d'âme (*fortitudinem*). Elles conduisent à la Béatitude, fruit de la connaissance rationnelle et de la vertu qui en procède. « La Béatitude n'est pas la récompense de la vertu, mais la vertu elle-même ; et nous n'en éprouvons pas de la joie (*gaudemus*) parce que nous réprimons nos penchants ; au contraire, c'est parce que nous éprouvons de la joie que nous pouvons réprimer nos penchants » [3]. La morale n'a pas ici le visage triste et crispé. Elle ne réprime pas mais libère et fait exulter. Elle ne véhicule pas une culture de la crainte du châtiment après la mort mais éduque à la sérénité en cette vie *hic et nunc*. Elle amène graduellement à la conscience de la puissance de l'esprit, s'il est animé par l'amour de Dieu et la connaissance de sa nécessité : puissance sur ses affects, leurs humeurs, leurs excès, leurs tourments, leurs incessants « flottements ». Elle éloigne de l'inessentiel et amène vers le centre de soi qu'est Dieu. La morale, comme la vraie religion, relèvent de la science, principe du connaître, de l'être et de l'agir. Sans conteste, « le Sage est supérieur, combien plus puissant que

---

1. *Éthique, op. cit.*, IV, prop. 35.
2. *Ibid.*, V, prop. 41.
3. *Ibid.*, V, prop. 42.

l'ignorant qui est poussé par ses seuls penchants » [1]. L'ignorant ne connaît pas la joie ouvrant sur l'éternité mais la fluctuation perpétuelle d'états d'âme non maîtrisés, générateurs d'insatisfactions, de désirs renaissants, jamais durablement assouvis. Il ne cesse de pâtir, incapable d'advenir à la cause de soi. La liberté qui consiste à connaître les raisons de ses actes, à en comprendre la nécessité [2] lui semble, pour l'heure, autant inconnue qu'inaccessible. Il vit au niveau du laisser-aller et du laisser-faire, soit de la contrainte prise illusoirement pour son contraire. Ignorant des causes qui déterminent ses actes, son existence s'apparente à celle de la pierre qui tombe sans savoir pourquoi elle tombe, en vertu de quelles lois [3].

Philosophie élitiste qui distingue ceux qui savent de ceux qui ne savent pas? Nouvelle gnose en cet âge dit classique et moderne à la fois? La voie de la sagesse est ardue et rare, reconnaît Spinoza à l'issue du livre V de l'*Éthique*. Mais elle peut se trouver. Il n'est sans doute pas de salut sans ascèse de l'esprit, aussi heureuse et épanouissante soit-elle. Chacun a le pouvoir de convertir ses passions en vertus, son impuissance en puissance, en développant ce qui le fait autre qu'une pierre ou qu'une bête : sa capacité de comprendre, de dévoiler et de maîtriser la nécessité. «L'entendement étant la meilleure partie de notre être, il est certain que si nous voulons vraiment chercher l'utile, nous devons par-dessus tout nous efforcer de parfaire notre entendement autant qu'il est possible, car dans sa perfection doit consister notre souverain bien » [4]. On comprend que Spinoza aime à citer le Proverbe de Salomon [5] :

1. *Éthique*, *op. cit.*, V, prop. 42, scolie.

2. *Ibid.*, V, prop. 4.

3. *Lettre LVIII* de Spinoza à Schuller, trad. fr. Ch. Appuhn, Paris, GF-Flammarion, 1966.

4. *Traité des autorités théologique et politique*, chap. IV, trad. fr. Ch. Appuhn, Paris, GF-Flammarion, 1965, p. 87.

5. La Sainte Bible, *Proverbes*, 16, 22.

« Et le supplice des insensés est leur déraison ». L'insensé ne sait pas que Dieu est. Il se condamne à la privation d'être comme du connaître. Ne pas s'élever jusqu'à la connaissance de Dieu qui est tout et contient tout revient à se nier soi-même. L'insensé ne peut ni se connaître lui-même ni se réaliser. Les deux vont de pair. Son ignorance, sa fermeture d'esprit le voue à errer sans cesse, à ne jamais accéder à la joie intellectuelle, à la compréhension de l'ordre des choses, comme de sa vraie nature.

La sagesse spinozienne exhorte l'homme à devenir qui il est, dans l'accomplissement de ses vertus propres. Il n'est nullement requis de quitter son sol natif, celui de l'être, pour un illusoire devoir-être, pour un idéal fictif ou mensonger. Cette morale-là n'intéresse pas l'auteur de l'*Éthique* pour qui l'idéal habite tout entier le réel et pour qui le possible est tout entier réalisé. Pas de morale triste, fausse, animée par les visages insidieux du ressentiment contre cette vie, dirigeant vers un ailleurs, un au-delà, contemptrice du monde tel qu'il est, beau et bon, pleinement réalisé car expressif de Dieu. Pas de salut hors de la connaissance de ce qui est, par définition, en Dieu. « Les choses n'ont pu être produites par Dieu autrement qu'elles ne l'ont été, ni dans aucun autre ordre » [1]. Charge à l'homme de le comprendre et d'agir selon cette vérité. Nietzsche a capté, à sa façon, le message spinozien : l'exhortation à ne pas chercher à fuir cette vie, à ne pas réifier les fictions du bien et du mal.

---

1. *Éthique, op. cit.*, I, prop. 33.

« Deviens ce que tu es »

Celui que l'on a coutume de ranger parmi les détracteurs de la morale, sous bien des aspects, celui qui a passé le plus clair de son temps à pourfendre les obsédés du « tu dois », les contempteurs de la vie, les hallucinés des arrière-mondes, dans lesquels il range aussi bien les morales, les sagesses que les métaphysiques et les religions – par delà les invectives qui peuvent faire parfois écran ou affaiblir l'idée – a compris, lui aussi, que la vraie morale, issue de l'amour de la vie comme de tout amour, se tient toujours au-delà du bien et du mal. En cela même résident son essence et sa valeur [1].

Marqué fortement par un protestantisme rigoureux dès l'enfance, Nietzsche n'a de cesse de dépasser les brimades que l'on voudrait, sous couvert de vertu et de foi religieuses, imposer à la conscience, à la spontanéité créatrice, à la volonté d'affirmation de soi, sans se soucier d'un quelconque modèle ou de l'exclusive prescription de l'obéissance. Il dresse procès au moralisme étroit et inhibiteur sur plusieurs fronts.

En 1883, dans l'ouverture de *Ainsi parlait Zarathoustra*, il met en scène – non sans user d'ailleurs du schème dialectique – trois figures de la conscience, sous l'allégorie du chameau, du lion et de l'enfant. « Trois métamorphoses de l'esprit » qui condensent les manières de se comporter face aux obligations : la première, celle du chameau, se réalise en se niant, en s'agenouillant devant le « tu dois », réclamant toujours plus de poids pour être en règle avec une conscience qui aime à se charger, à se mutiler, à s'effaroucher puis à fuir devant tout plaisir. La seconde, celle du lion, symbolise la révolte contre obligations et sanctions et revendique le droit sacré de s'y opposer, de les mettre en pièces, de s'en affranchir par sa

1. Nietzsche, *Par delà le bien et le mal*, trad. fr. G. Bianquis, « 10/18 », Paris, UGE, 1970, IV, Maximes et intermèdes, § 153.

propre force. La dernière, celle de l'enfant, figure du « oui
sacré », par le jeu de l'affirmation sereine, non révoltée et par
là, féconde, surpasse en valeur les précédentes. Nullement
désireux de multiplier les foyers du « tu dois », pour être en
paix avec une conscience tourmentée, scrupuleuse et apeurée,
nullement hanté par une révolte stérile qui s'épuise et s'étiole
dans l'exclusive négation, l'enfant « est innocence et oubli,
commencement nouveau, jeu, roue qui se meut d'elle-même,
premier mobile, affirmation sainte » [1]. Il incarne l'au-delà du
bien et du mal, la création tendue vers l'avenir, riche de l'oubli
du savoir moral, non encombré par le poids des valeurs qui
jugent et prescrivent ceci plutôt que cela sans prendre en
compte la particularité différentielle des individus auxquelles
elles s'adressent.

L'enfant-philosophe, l'enfant-dieu, à la façon dont
le décrivait Héraclite, le presque unique compagnon de
Nietzsche, incarne l'idéal de la création morale, l'antitype du
moralisme [2]. Il ne juge ni ne condamne, il ne plie pas le genou
devant une transcendance extérieure à lui qui lui dicterait la
table des lois à suivre, il ne la recherche pas pour être, il ne
s'enlise pas non plus dans la rébellion contre un ordre qu'il ne
connaît ou ne reconnaît pas. Il n'a pas d'autre souci que de
vouloir devenir qui il est, hors de la « camisole des devoirs » [3],
hors les normes et échelles de bonne mesure qui guident
habituellement masses et « troupeau ». Morale aristocratique
s'il en est que celle de Nietzsche « l'immoraliste ». Elle vise à
enfanter des « génies faits pour procréer et enfanter » [4] dans
l'allégresse et non le ressentiment. Faut-il alors constituer une

1. *Ainsi parlait Zarathoustra*, I, trad. fr. G. Bianquis, Aubier-Flammarion
bilingue, 1969.
2. Voir la critique du moralisme dans *Par delà le bien et le mal*, § 198, 199,
219, 221 et 226, par exemple [cité ensuite *P.D.B.M.*].
3. *P.D.B.M.*, § 226.
4. *P.D.B.M.*, § 206.

« république de génies », ainsi que le souhaitait Schopenhauer ?
Certains textes nostalgiques des « vrais aristocrates de
l'esprit », tels Héraclite et Platon, « royaux et splendides
solitaires de l'esprit »[1], pourraient y faire songer. Nietzsche
ne retient pas le pessimisme schopenhauerien ni la morale de
la pitié qui l'ont pourtant infiniment influencé au point d'en
proposer le renversement pur et simple. Pour Schopenhauer,
en effet, la vie n'est que souffrance, ainsi que l'affirme en
de nombreux passages *Le Monde comme volonté et représentation*, en raison de la volonté aveugle qui la sous-tend et
du désir qui, dans l'homme, en est une émanation torturante.
La vie est vouée à osciller entre la souffrance et l'ennui[2].
Il n'en va pas de même pour Nietzsche.

La morale du surhumain ne pleure pas sur l'humain, n'en a
pas pitié. Elle le méprise, veut le faire progresser et non
régresser. Elle ne gémit pas sur la douleur souterraine et visible
du monde. Elle ne prône pas, comme mode de salut, l'ascé-
tisme – cet « anéantissement volontaire de la volonté », cette
« mortification incessante », cette pénitence consentie[3] – pour
se libérer de la souffrance lancinante et torturante du désir,
pour faire taire, une fois pour toutes, sa voix. La direction
esthétique – le salut par l'art – a certes, davantage les faveurs
de Nietzsche, mais elle n'obéit pas à la même logique ni à la
même finalité : la négation du vouloir-vivre, le choix du néant.
Le bouddhisme a marqué les deux penseurs allemands dans
des voies opposées quasi diamétralement. Schopenhauer
s'appuie sur celui-ci et sur l'hindouisme pour légitimer une
radicale suppression de la douleur universelle liée au vouloir-

1. *P.D.B.M.*, § 204.

2. Schopenhauer, *Le Monde comme volonté et représentation*, trad. fr.
G. Burdeau, Paris, PUF, 1966, IV, § 56-57.

3. *Ibid.*, IV, § 68.

saisir. Le nirvana et la paix qui en résulte symbolisent ce néant d'être et d'avoir.

Du bouddhisme, Nietzsche tire une hygiène de vie, plus qu'une morale, ainsi qu'il le confesse dans son Autobiographie, *Ecce Homo* [1] : une critique forte du ressentiment qui consume de façon stérile et nocive les énergies vitales ; un amour du destin par consentement volontaire et serein à son ordre, l'éloge d'un certain fatalisme bien compris qui devient un gage assuré de libération pour les forces créatrices. « S'accepter soi-même comme un *fatum*, ne pas se vouloir *différent* – en de telles circonstances, c'est la *raison supérieure* » [2]. Le bouddhisme délivre une sagesse qui enseigne à s'accepter soi-même, première condition d'un « deviens ce que tu es ». Loin d'en tirer une exhortation à fuir la vie et son corollaire, la souffrance, Nietzsche y voit une philosophie libératrice des émotions nuisibles du ressentiment, et comme telle, ouvrant à l'œuvre de la création. La positivité de la *catharsis* bouddhique est clairement affirmée et revendiquée comme instrument avéré de guérison et de progrès dans l'adhésion aimante à soi. Ne faut-il pas s'aimer soi-même comme une fatalité ? « Ma formule pour ce qu'il y a de plus grand dans l'homme est *amor fati* : ne rien vouloir d'autre que ce qui est, ni devant soi, ni derrière soi, ni dans les siècles des siècles. Ne pas se contenter de supporter l'inéluctable, et encore moins se le dissimuler – tout idéalisme est une manière de se mentir devant l'inéluctable – mais l'*aimer* » [3].

Qu'est l'homme, pour Nietzsche, sinon un pont, une transition et un déclin qui doit se perdre, en un certain sens, pour mieux s'affirmer et se trouver ? Il dessine un portrait

1. Nietzsche, *Ecce Homo*, trad. fr. H. Albert, Paris, Denoël-Gonthier, 1976, I, § 6.

2. *Ibid.*, II, § 9, IV, 1.

3. *Ibid.*, II, § 10.

saisissant de ce qui nous guette, nous Européens, si nous ne nous réveillons pas de nos tragiques endormissements, de nos constants atermoiements [1]. Le « dernier homme », figure de la régression et de la médiocrité grégaire, est l'exacte antithèse du surhomme, figure du dépassement volontaire et joyeux de soi, initiateur de l'avenir, élan et nouveau souffle pour l'humanité fatiguée d'elle-même. Choisirons-nous la barbarie que nous nommons à tort civilisation, le nivellement désastreux des comportements, les lâchetés collectives génératrices des pires exactions ou l'âpreté solitaire de la création, la vie à hauteur de l'idéal que l'individu se prescrit, sans Dieu et sans Maître ? Le soupçon entache sévèrement les morales qui reçoivent « d'ailleurs » leurs lois et leurs commandements, qui s'abreuvent à une source le plus souvent divine et transcendante. L'homme, dans ce qu'il est et se fait de plus noble, se doit d'être l'auteur de ses « nouvelles tables » à part entière, sans modèle, sans référent d'imitation ou de sanction.

Celui qui se définissait comme le premier et le dernier immoraliste a surtout voulu régler ses comptes avec ce qu'il nomme « la morale chrétienne ». Il déclare l'avoir découverte et mise à nu, en avoir démasqué les ressorts insidieux, bref, l'avoir démystifiée [2]. Son autobiographie de 1888 se clôt par cette requête : « M'a-t-on compris ? *Dionysos en face du Crucifié* ».

1. *Ainsi parlait Zarathoustra*, Prologue, § 5, *P.D.B.M.*, § 224 et *Le Nihilisme européen*.
2. *Ecce Homo, op. cit.*, Pourquoi je suis une fatalité, § 6-7.

Dionysos en face du crucifié

Dans la critique acerbe qu'il érige contre « la morale chrétienne » dans *Ecce Homo* [1] et *l'Antéchrist*, notamment et après la *Généalogie de la morale*, Nietzsche prend soin de distinguer le modèle, le paradigme, de ses émules. Le « joyeux messager » de la nouvelle religion reçoit un traitement à part. Il se distingue notoirement de saint Paul, le « dysangéliste », le dispensateur de la culture de la haine – du corps, de la vie, des valeurs de la terre –, en bref, l'inventeur de la doctrine du « jugement » [2]. « Il n'y a eu qu'un seul chrétien, et il est mort sur la croix. L'Évangile est *mort* sur la croix » [3]. Les disciples, infidèles au Maître, ont détourné son message de sa primitive teneur. Avec sa violence coutumière, l'imprécateur condamne en bloc judaïsme et christianisme comme morales du reniement de la vie, de la *dénaturation* des valeurs naturelles [4]. Par une sorte d'identification au fondateur du « joyeux message », solitaire et voué, comme lui, à l'incompréhension multi-séculaire, il le met à part. Il dessine les frontières d'un certain silence, au-delà desquelles se tient la critique. Le Maître n'est nullement responsable de la trahison des disciples. À part, il est, à part, il demeurera à jamais, innocent des contrefaçons que l'histoire accumulera en se réclamant de lui. Nietzsche a comme dessiné le cercle de son secret.

De sa culture chrétienne, luthérienne, Nietzsche s'exercera, son existence durant, à se libérer, si tant est qu'il y parvienne tant l'influence en est tenace et insidieuse. Il écrit un Cinquième Évangile, *Ainsi parlait Zarathoustra*. L'écriture en est trempée dans le sang et son prophète est souvent aussi peu

---

1. *Ibid.*, IV, § 6-9.
2. *L'Antéchrist*, trad. fr. D. Tassel, « 10/18 », Paris, UGE, 1967, § 42.
3. *Ibid.*, § 39.
4. *Ibid.*, § 25.

compris que le Maître de Judée. Désireux de valoriser la terre, la surhumanité terrestre et non les arrière-mondes et les hallucinations de l'au-delà, désireux de secouer le joug des aliénations et pesanteurs diverses, le « joyeux messager » connaîtra le rejet de ses pairs, la solitude, l'exil avant la folie de l'esprit et du corps. Sa morale du par-delà le bien et le mal désigne un nouveau bien : la création des valeurs, un nouvel homme, médiation entre le « dernier », celui de la décadence moderne, et le futur, le surhomme, symbole du dépassement de soi par soi.

Nietzsche l'immoraliste fonde une autre morale, à l'instar de celui qui fondait une autre religion et, ce faisant, s'attirait les foudres de ses pairs et l'opprobre publique. Déplacement mimétique, non étranger au jeu de l'inversion des valeurs – ce qui, par la tradition était jugé bon devient mal – mais qui signe, à sa façon, l'impossibilité de la table rase. La philosophie élitiste de la volonté de puissance s'en prend violemment aux idéologies de la faiblesse, de l'humilité, de la charité. Elle leur substitue les valeurs de la force, du mépris, l'amour du lointain et du futur. Elle exhorte à l'espérance, à la création, au dessaisissement des habitudes et des scléroses.

Le dénonciateur des idoles – métaphysiques, religieuses, morales – annonce leur crépuscule, à condition que l'homme ait le courage d'aller jusqu'au bout de sa lutte contre ce qui est jugé facteur d'inhibition ou de régression. Il ébranle le socle sur lequel se sont fondées les morales tant religieuses que profanes. Il jette le soupçon sur l'empire du « tu dois » mais en consacre un autre, celui de la volonté de puissance humaine, rien qu'humaine, faite d'appel à l'énergie créatrice de chacun. Il inaugure ainsi une « morale ouverte » sur l'à venir de l'homme, le surhomme, la fin – le sens et le but – de l'humanité. La transcendance habite l'immanence et l'anime. L'au-delà de l'homme est, ici et maintenant, en l'homme.

Celui-ci doit répondre à lui-même comme à ses pairs de sa volonté d'auto-dépassement, de son choix d'œuvrer au « progrès » ou au déclin des forces de vie qui sont en lui, de sa capacité menée à terme d'être et de devenir son propre législateur, l'artisan à part entière de son être.

DE LA MORALE CLOSE À LA MORALE OUVERTE

La participation à l'élan vital est ce qui peut fonder la ligne de démarcation entre une morale de clôture et une morale d'ouverture, une morale statique et une morale dynamique, ainsi que Bergson, dans *Les deux sources de la morale et de la religion* a su l'établir avec soin. Il montre, certes, toute sa préférence pour la seconde forme, supérieure, plus féconde, caractérisée par le mouvement en avant et non la stagnation, le repos ou le refus comme la peur du changement [1]. Deux types d'âme correspondent aux deux types de morale : « l'âme ouverte » ne craint pas les paradoxes, toute à la joie de la nouveauté de ses conduites ou de ses énoncés, elle aime prendre des risques, jongler avec la pesanteur voire la raideur d'une certaine tradition, rompre avec des formules par trop établies. « L'âme close » est plus frileuse et craintive et se réfugie dans ses certitudes ou la clarté, assise pour l'éternité, de ses principes ou de ses lois. Bergson se tourne par exemple, vers le Sermon sur la Montagne de l'Évangile – paradigme de ce qu'il nomme la « morale ouverte » – : « On vous a dit que… et moi je vous dis que »… D'un côté le clos, de l'autre, l'ouvert [2]. L'ancien n'est pas aboli mais intégré par le nouveau, maillon central d'une chaîne nouvelle, revivifiée.

---

1. Bergson, *Les Deux sources de la Morale et de la Religion*, Paris, PUF, 1973, p. 56.
2. *Ibid.*, p. 58.

Admirateur et non contempteur de la morale chrétienne, l'auteur des *Deux sources* compare le stoïcisme et le christianisme : deux mouvements, deux manifestations de l'élan vital proches dans certaines de leurs affirmations : l'universelle fraternité des hommes, citoyens du même monde pour les stoïciens, frères car fils de Dieu, pour les chrétiens. D'un côté une philosophie qui n'a pas pour mission d'entraîner les âmes mais de les éveiller intellectuellement ; de l'autre, une religion qui fut « un incendie » et alluma autour d'elle des brasiers de foi et d'enthousiasme. Deux univers mentaux, aux composantes et incidences différentes. Plus proche de « l'ouverture » propre à l'« âme chrétienne » serait Socrate, l'éveilleur des consciences, le maître de disciples fervents, le « martyr de la vérité » qui n'a pas craint la mort et l'a préférée au reniement de sa pensée. Il s'élève, note Bergson, au-dessus de la pure raison, a reçu mission de l'oracle de Delphes, profère une philosophie aux accents religieux et mystiques et a suscité autour de lui élan et fougue pour des siècles. « Tous les moralistes de la Grèce dérivent de Socrate »[1]. Sa vie consacrée à la vérité, à la droiture et à la vertu ouvrira, en effet, une lignée imposante de systèmes de pensée et de conduite.

La figure socratique peut à juste titre être rapprochée de la figure christique : deux « âmes ouvertes », insufflant la vie, éveillant les consciences, traversées par un « élan d'amour » pour l'humanité, une visée de justice, un appel aux dépassements des petitesses et des stérilités diverses. Si les deux directions de l'éducation morale visant à modeler la volonté vont, l'une vers le dressage, l'autre vers la mysticité, les deux emblèmes de l'énergie créatrice, Socrate et Jésus, attestent, chacun à sa manière, la suprématie de « l'aspiration » sur l'obligation, de l'élan créateur sur la contrainte plus ou moins

---

1. *Les Deux sources*, *op. cit.*, p. 61.

coercitive. Ils entraînent à leur suite individus et sociétés,
fécondent les esprits et convertissent les conduites. Personnalités créatrices, âmes mystiques, elles communiquent un
message de vie qui s'adresse non seulement à l'intelligence
mais aussi à l'intuition, organe suprême du sentir et du penser,
modalité supérieure de la vision, déjà depuis Platon. Bergson
ne fonde pas la morale sur le culte de la raison [1]. Il croit moins
en la force du devoir qu'à celle de l'exemple. L'imitation
entendue non comme démission de l'activité libre mais au
contraire comme médiation dynamique de la création, tient
une place centrale ici. La participation à l'élan vital dont
témoignent « les grands hommes de bien », les « individualités
privilégiées », suscite, à leur insu parfois, une communication
d'énergie hors du commun. Ils transfigurent et élèvent – par
leur enthousiasme – les âmes de ceux qui les entourent.

La mort de Socrate fonde la philosophie et consacre
la liberté de l'esprit. La mort du Christ consacre une religion
dont l'essence devait être, aux yeux de Bergson, la diffusion
du mysticisme [2]. La morale ouverte évite à la morale close de
s'enliser dans les préceptes d'un ordre quelque peu stérilisant ;
la religion dynamique évite à la religion statique de se « soli-
difier », de se « cristalliser », de « refroidir » par trop l'élan
initial de sa constitution et de sa propagation. Les deux sources
de la morale et de la religion s'abreuvent au même fonds vital.
On comprend alors que Bergson affirme « l'essence biologique » de toute morale, qu'elle soit de pression ou
d'aspiration [3].

1. *Les Deux sources*, *op. cit.*, p. 90.
2. *Ibid.*, p. 253.
3. *Ibid.*, p. 103.

L'expérience mystique – manifestation hautement sublimée de la vie – lui paraît devoir représenter le mieux le fondement religieux de la morale[1]. Elle apporte aussi un supplément d'âme à la religion et secoue les jougs qui entravent la marche des individus comme des sociétés. Bergson ne nie pas le rôle fondamental de la science, le développement de l'intelligence humaine qu'elle atteste. Elle ne lui semble pas toutefois suffisante à satisfaire en plénitude les appétits spirituels. « L'humanité gémit, à demi écrasée sous le poids des progrès qu'elle a faits. Elle ne sait pas assez que son avenir dépend d'elle »[2]. Veut-elle continuer à vivre ? Veut-elle fournir les efforts nécessaires pour un mieux-vivre, « pour que s'accomplisse, jusque sur notre planète réfractaire, la fonction essentielle de l'univers, qui est une machine à faire des dieux » ?

Les dernières lignes des *Deux sources de la morale et de la religion* souhaitent que l'on réfléchisse à tout le moins sur « une réforme morale complète » où le plaisir fugace serait éclipsé par la joie durable, où la recherche du bien ne serait pas un vain mot mais une œuvre riche d'exigences pour les individus comme pour les sociétés et les États. Il n'est pas de sainteté qui ne soit incarnée dans un tissu social et dans l'exigence concrète et impérieuse de l'action ; il n'est pas de responsabilité individuelle qui ne soit en même temps celle de tous ou de plusieurs. Morale close ou morale ouverte attestent, chacune dans leur sphère, que la morale est la chose de tous et concerne, par essence et non par accident, la *res publica*.

---

1. *Les Deux sources*, p. 101.
2. *Ibid.*, p. 338.

Animalité politique, animalité éthique

La recherche sur l'essence de la morale ne se dissocie pas de celle portant sur l'essence de la politique. Faits pour coexister, les hommes ont intérêt à donner à leurs modes de vie sociaux un profond enracinement moral qui les préserve des dérives individualistes ou collectivistes exacerbées, des tentations de violence, de terreur, d'intolérance, toujours prêtes à ressurgir d'un sol passionnel souterrain et propre à l'espèce.

Les Anciens aimaient à situer le bien politique et éthique sous les auspices de la mesure. Les Modernes pourraient en réactualiser la portée, la centrant sur le nécessaire respect des personnes et le sens accru de leurs devoirs comme de leur responsabilité. Affirmer qu'il n'est pas de morale sans obligation, sans prescription, sans une exigence aiguë d'imputation, sans une volonté de connaître et faire le bien, sans une éducation à la liberté, mais aussi à la générosité, revient à souligner l'étroite conjugaison en l'homme, de l'animalité politique et de l'animalité éthique. L'on peut alors raisonnablement espérer que l'être et le devoir-être gagneraient étonnamment à se rapprocher plutôt qu'à s'enliser dans l'irréductibilité de leurs vues, dans une opposition aux incidences meurtrières sur la scène trop souvent tragique de l'histoire.

CONCLUSION

LA MORALE, ACTIVITÉ DE SERVICE ?

Cette réflexion met l'accent sur le lien étroit nouant l'homme individuel et l'homme social, voué au vivre-ensemble et à la règle qui le structure, quoiqu'il fasse ou veuille, dans le caprice ou le désir de l'instant. Le *zoon politikon* est tour à tour *koinônikon, èthikon, oikonomikon,* dans des sphères parfois plus concentriques, parfois très imbriquées les unes dans les autres. Vie privée et vie publique ne se pensent pas selon le mode de l'étanchéité, mais de la forte confluence.

Un lieu commun, non dénué de fondement comme souvent, dénie aux Anciens, Grecs, notamment, la prise en compte de l'individualité. Leur morale, liée indissolublement à leur politique, n'en serait pas vraiment une. Il faudrait attendre, dans le monde gréco-romain, la marque de la culture issue de la religion du Livre pour voir se profiler la prise en compte de la personne, unique, irremplaçable, sacrée, car créée par Dieu, à sa ressemblance. La morale aurait alors tout son sens : mettre l'individu créé face à son Créateur et aux créatures qui en dérivent. Triangularité nécessaire entre la source et ses dérivés, qui les rive les uns aux autres.

Le lien politique chez les Grecs, le lien religieux dans le monothéisme biblique, fonderait d'une certaine façon, la morale. Cette dernière serait, dans les deux cas, sans autonomie aucune. Les choses sont-elles si simples ? La morale est-elle vouée à n'être que servante de la politique ou de la religion, un sous-produit en quelque sorte ? La démarche kantienne convoquée souvent ici montre d'une façon exemplaire que la morale doit avoir son autonomie propre et ne dériver de rien d'autre que de la raison humaine. Mais en même temps, le philosophe s'attache à mettre en valeur les liens qui peuvent et doivent unir – dans une visée d'assainissement réciproque – politique et morale, politique et religion, morale et droit etc. L'insularité des sphères est de moindre fécondité que leur relation. Leur distinction d'objet et de méthode ne signifie pas et n'implique pas leur absolue séparation. Elle vise plutôt à la mettre davantage en perspective.

De leur côté, les Anciens aiment à distinguer, par souci de clarté, de délimitation des champs, la théorie de la pratique, la spéculation de l'action, mais plus encore à en dresser les points d'interaction. Peut-on être dit véritablement sage sans agir et se conduire avec sagesse ? La prudence (*phronèsis*), modèle de vertu éthique autant que politique, intéresse autant la pensée que l'action. La politique représente, pour Aristote, par exemple, le modèle même de la science suprême et architectonique, dans l'ordre de la sagesse pratique. Toutes les autres – la stratégie, l'économique, la rhétorique – en dépendent. L'éthique en est le corollaire obligé. La politique « légifère sur ce qu'il faut faire et sur ce dont il faut s'abstenir », ainsi que le souligne le premier chapitre de l'Éthique à Nicomaque. Elle détermine le « bien proprement humain », individuel et collectif, accordant, certes, la prééminence au second par rapport au premier, qui intéresse davantage l'éthique. «Le bien est assurément aimable même pour un individu isolé, mais il est plus beau et plus divin appliqué à une nation (*ethnos*) ou à des cités». Mais «l'homme isolé» est-il encore un homme ? Existe-t-il même hors de l'imagination de ceux qui l'inventent ?

La *Politique* d'Aristote a suffisamment démontré que l'homme isolé était davantage assimilable à une brute ou à un dieu qu'à un homme digne de ce nom, dont la destinée propre est le vivre-ensemble, le vivre-avec autrui. Si telle est sa véritable vocation, l'homme fait pour la cité et non pour l'isolement, ne peut s'abstraire des règles et des normes qui structurent la cité, ne peut éviter la prescription qui régit la sphère du devoir. Il en est l'auteur. Il s'y soumet ou la viole. Sa liberté est entière et l'imputabilité de ses actes revient au sujet moral. Il ne peut être indifférent au dessein de justice, qui se doit d'animer toute organisation sociale et communautaire. Son bonheur, comme son malheur propre, ne peuvent se penser ni se faire hors de celui d'autrui. Individu et société sont, dans la perspective antique, comme dans la perspective moderne, l'envers et l'endroit d'une même entité : l'homme doté de responsabilité.

SOCRATE : LA MORALE DANS LA CITÉ

Socrate, dont Bergson reconnaît qu'il est à la source de toutes les morales de la Grèce antique – l'épicurienne, la stoïcienne, ou bien encore la cynique –, n'a-t-il pas laissé à la postérité l'emblème du lien tissant ensemble politique et morale ? L'emblème d'une individualité originale, qui ne méconnaît ni ses devoirs de citoyen ni ses exigences de philosophe, soucieux du bien d'autrui comme du sien propre, ami des dieux et des hommes ?

En Socrate se noue une triple relation, morale, politique, religieuse, qui confère au philosophe d'Athènes une particularité que vingt-cinq siècles se plaisent à souligner dans des registres diversifiés. On peut préférer isoler la fondation morale, tant célébrée par Aristote, notamment ou, plus tard Hegel ou Kierkegaard ou même Nietzsche, dans des registres contrastés parfois, de vénération et de détestation, ou encore Bergson, qui ne la dissocie pas d'un ancrage religieux, voire mystique. Pour l'auteur des *Deux sources de la morale et de la religion*, la mission de Socrate est suspendue à une raison supérieure à la seule raison humaine, la raison divine. Socrate ne parle pas en son nom, même et surtout lorsqu'il parle de morale. Certains y voient une figure de rhétorique cultivée par Platon et par Xénophon, les témoins oculaires, un trait de la modestie – ou de l'orgueil ? – socratique, rien de bien sérieux, au fond. D'autres, comme les Pères de l'Église des II-IIIe siècles, ou, aux IV-Ve siècles, Augustin, Marcile Ficin à la Renaissance, plus près de nous, Bergson ou Simone Weil, y voient un caractère divin que le philosophe porte authentiquement en lui et qui le guide en tout, dans le discours, le silence, l'action ou l'inaction, la vie et la mort. Le signe démonique fonde, selon eux, la singularité socratique et la morale qui en émane.

L'important n'est pas de savoir qui a raison ou tort ou même si quelqu'un a raison ou tort dans le jeu infini des interprétations, soumis, par essence, à la variation. L'important se tient dans la force et la prégnance du modèle philosophique laissé par Socrate, modèle que l'histoire et le mythe se chargent de ciseler : modèle d'un homme qui n'a pas conservé pour lui ce que le dieu lui indiquait de dire ou de faire, mais l'a partagé avec le riche comme le pauvre, l'homme comme la femme, le jeune comme le vieux. Modèle d'une inscience féconde, généreuse, à l'écoute du divin comme de l'humain. Rien dans la conduite de Socrate ne laisse à penser que la morale puisse se penser dans une clôture sur elle-même, hors des autres, hors du lieu où elle se déploie, la cité, hors de la divinité.

Platon, comme Xénophon, avec leurs talents et personnalités propres, peignent un Socrate habité par le désir du meilleur pour chacun et pour tous. Par son exemple et ses discours, le philosophe a voulu « être utile à autrui » et rendre ses compagnons meilleurs. « Il rendait plus justes ceux qui l'approchaient », note Xénophon[1]. Il leur fait mesurer leur ignorance, quand ils sont imbus de leur science, il leur fait mesurer leur petitesse quand ils se prennent pour des dieux, il leur fait mesurer leur dette vis-à-vis de la cité lorsqu'ils ont par trop tendance à l'oublier, par individualisme ou légèreté. Donné à Athènes par la divinité, sa mission a consisté, une vingtaine d'années durant, à réveiller les consciences lorsqu'elles s'engourdissaient dans la torpeur civique ou morale, voire l'incivilité ou l'immoralité. Le rôle du taon s'est déployé au point d'attirer sur Socrate l'inimitié populaire. La visée constante du bien a lassé et peu à peu le philosophe est perçu comme trop exigeant, touchant à trop de registres, celui de la vie privée, de la vie publique, du rapport aux dieux, du rapport aux hommes.

1. Xénophon, *Mémorables*, IV, 4, 25 dans *Œuvres complètes*, trad. fr. P. Chambry, Paris, GF-Flammarion, 1967, vol. 3.

La vertu, lorsqu'elle est professée par un homme qui y consacre tous les pôles de son existence, finit par susciter le rejet. Exigence de tous les instants, elle implique dans une constance sans faille, l'obéissance à la loi, autre nom de la justice. Les derniers mots des *Mémorables* de Xénophon peuvent aisément être rapprochés des derniers mots, concis, du *Phédon* de Platon, où Socrate y est dit « le meilleur, le plus sage et le plus juste »[1] des hommes de ce temps.

> Parmi ceux qui ont bien connu Socrate tel qu'il était, tous ceux qui aspirent à la vertu n'ont pas cessé encore aujourd'hui de le regretter par dessus tout, parce qu'il les aidait plus que tout autre à la pratiquer. Pour moi, je l'ai dépeint tel qu'il était, si pieux qu'il ne faisait jamais rien sans l'assentiment des dieux, si juste qu'il ne causait pas le moindre tort à personne et rendait les plus grands services à ceux qui le fréquentaient, si tempérant qu'il ne préférait jamais l'agréable à l'honnête, si intelligent qu'il discernait infailliblement le bien du mal sans avoir besoin de conseil, et que ses propres lumières lui suffi-saient pour en juger, capable d'expliquer et de définir toutes les idées qui s'y rapportent, capable aussi de mettre les autres à l'épreuve, de les convaincre de leurs erreurs et de les porter à la vertu et à l'honneur[2].

Plusieurs registres complémentaires sont convoqués par Xénophon : moral, religieux, intellectuel, politique – au sens large du vivre ensemble. Socrate ne voulait faire du tort à personne. Il s'est efforcé de rendre meilleurs ceux qui le fréquentaient. Lui qui ne voulait pas faire de politique au sens étroit d'une activité de pouvoir gouvernemental – il en serait mort, rapporte l'*Apologie de Socrate* platonicienne[3] ! – fut

---

1. Platon, *Phédon*, trad. fr. L. Robin, Paris, Les Belles Lettres, 1978, 118 a.

2. *Mémorables*, *op. cit.*, IV, VIII, 11.

3. Platon, *Apologie de Socrate*, trad. fr. M. Croiset, Paris, Les Belles Lettres, 1966, 31 c-d.

aussi le seul Athénien à avoir su et voulu cultiver le véritable art politique[1]. Celui qui implique une générosité sans faille, une attention sans trêve, aux mœurs et aux lois, aux dieux et aux hommes. La morale était bien, avec Socrate, fondée. Réalisée dans un homme et dans un temps, elle montre à l'œuvre, ses liens avec le corps politique et social. Elle habite le monde et l'histoire, mais dirige aussi l'attention vers une source et une fin qui les transcende et les signifie en plénitude.

1. Platon, *Gorgias*, trad. fr. A. Croiset, Paris, Les Belles Lettres, 1967, 521 d.

GLOSSAIRE

Architectonique : du grec *archè*, commencement, commandement, et *tektônè* : le charpentier chef qui coordonne les travaux : art de l'architecte. Chez Aristote, est dite architectonique la science maîtresse qui prescrit la fin et les normes auxquelles doivent se soumettre les sciences qui lui sont subordonnées (Aristote, *Éthique à Nicomaque*, Vrin, trad. fr. J. Tricot, I, 1, p. 34-35).

Ataraxie : du grec *ataraxia*, « absence d'agitation », « tranquillité de l'esprit et de l'âme ». État psychologique caractérisé par l'absence de souffrances et de troubles, recherché comme le bien suprême par certaines philosophies dont, par exemple, celle d'Épicure.

Autonomie : du grec *auto-nomos*, « qui se régit par ses propres lois ». L'autonomie consiste non pas à vivre sans règles, ni à les recevoir du dehors, mais à se les prescrire soi-même librement. L'autonomie chez Rousseau ou Kant est la liberté d'un être raisonnable.

Casuistique : du latin *casus*, « cas de conscience ». Branche de la théologie morale qui a pour objet de résoudre les cas de conscience, les conflits de devoir qui peuvent naître de la confrontation des principes avec les circonstances concrètes de la vie. Pascal, au XVIIe siècle, désigne par ce terme toute argumentation spécieuse visant à justifier n'importe quelle conduite. En morale, art d'appliquer les principes éthiques aux situations concrètes.

Démon / Signe démonique : Dans Homère, un dieu, une divinité, la puissance divine, distinguée de *theos*, un dieu en personne ; après Homère, les *daimones* sont des sortes de dieux inférieurs, placés à la suite des dieux, nés des dieux, mais non dieux eux-mêmes. Socrate invoque de nombreuses fois son « démon », le signe démonique, qui le dirige et le guide.

Hétéronomie : du grec *heteros*, « autre » et *nomos*, « loi ». S'oppose à autonomie. Condition d'une personne qui reçoit de l'extérieur la loi à laquelle elle se soumet. Chez Kant, assujettissement à des mobiles sensibles ou encore à des préjugés, des superstitions.

Immanent : du latin *immanere*, « s'arrêter sur », « demeurer dans ». Ce qui est intérieur à un être, un objet de pensée et ne résulte pas d'une action extérieure. Chez Kant, qui reste dans le domaine de l'expérience.

Impératif : du latin *imperare*, commander. Au sens général, toute proposition exprimant un ordre ou une prescription. En morale, toute détermination de la volonté prenant la forme d'une contrainte et s'exprimant par le terme « devoir ». « La représentation d'un principe objectif, en tant que ce principe est contraignant pour une volonté, s'appelle un commandement de la raison, et la formule du commandement s'appelle un impératif » (Kant, *Fondements de la métaphysique des mœurs*, Paris, Vrin, IIe section, p. 84-85 et *Logique*, Paris, Vrin, Introduction, Appendice, p. 96).

Impératif catégorique : Chez Kant, impératif inconditionnel et nécessaire. Il se présente comme une loi émanant de la raison et valant pour tous les êtres raisonnables. Il ne suppose pas d'exception ou de dérogation et se différencie de l'impératif hypothétique, dépendant de conditions et variant suivant les situations.

Inscience : du latin, *inscientia* : ignorance. Socrate dit savoir une seule chose : qu'il ne sait rien. Il faut sans doute beaucoup de savoir pour savoir qu'on ne sait rien, beaucoup de lucidité. Par exemple, dans l'*Apologie de Socrate* platonicienne, Socrate se présente comme quelqu'un qui ne croit pas savoir ce qu'il ne sait pas (21 d) et, dans le *Théétète*, il place la toute puissance de son art sous ce signe : « Je ne sais rien de ce que savent les autres, tous ces grands et merveilleux esprits d'aujourd'hui et d'autrefois » (210 c). L'inscience est sans doute, chez Socrate, la façade ironique d'un savoir caché.

Messianisme : attente et croyance en un Messie qui, en tant que délégué de Dieu, apportera à l'humanité le salut. Le messianisme est un aspect particulier de l'attente du salut.

Transcendant : du latin *transcendere*, « franchir, dépasser ». Ce qui s'élève au-dessus d'une limite définie, appartenant à un ordre supérieur ; ce qui s'élève au-dessus de tout être quel qu'il soit : Dieu est transcendant au monde, le dépasse, lui est extérieur ou lui donne son sens ou sa réalité. Chez Kant, est transcendant ce qui ne peut être ni l'objet d'une connaissance ni l'objet d'une expérience. Ce qui dépasse les limites de l'expérience possible.

BIBLIOGRAPHIE

(Complément aux textes des références
indiquées en annexe)

ARISTOTE, *Éthique à Eudème*, trad. fr. V. Décarie, Paris-Montréal, Vrin-Presses de l'université de Montréal, 1984.

– *Ethique à Nicomaque*, trad. fr. J. Tricot, Paris, Vrin, 1987.

BAUDART A., *Socrate et le socratisme*, « Synthèse », Paris, Armand Colin, 1999.

– *Socrate et Jésus*, Paris, Le Pommier, 1999

BERGSON H., *Les Deux Sources de la morale et de la religion*, Paris, PUF, 1973.

BILLIER J.C., *Kant et le kantisme*, « Synthèse », Paris, Armand Colin, 1998.

BORNE E., *Le Problème du mal*, « Initiation philosophique », Paris, PUF, 1960.

BOURGEOIS B., *Hegel à Francfort, ou Judaïsme, Christianisme, Hégélianisme*, Paris, Vrin, 1970.

– *La Pensée politique de Hegel*, Paris, PUF, 1969

– *La philosophie allemande classique*, « Que sais-je ? », Paris, PUF, 1995.

– *Philosophie et droits de l'homme*, Paris, PUF, 1990.

– *L'idéalisme allemand*, Paris, Vrin, 2000.

– *La raison moderne et le droit politique*, Paris, Vrin, 2000.

– *Hegel, Les actes de l'esprit*, Paris, Vrin, 2001.

BRUCH J.-L., *La Philosophie religieuse de Kant*, Paris, Aubier-Montaigne, 1968.

BRUN J., *L'Épicurisme*, « Que sais-je ? », Paris, PUF, 1966.

– *Le Stoïcisme*, « Que sais-je ? », Paris, PUF, 1966.

– *Épicure et les épicuriens*, textes choisis, Paris, PUF, 1961.

CICÉRON, *De la République, Des Lois*, trad. fr. Ch. Appuhn, Paris, GF-Flammarion, 1993.

Les Cyniques grecs, fragments et témoignages, trad. fr. L. Paquet, Paris, Le Livre de poche, 1992.

DIOGÈNE LAËRCE, *Vies et Doctrines des philosophes illustres*, trad. fr. M.-O. Goulet-Cazé (dir.), Paris, Le Livre de Poche, 1999.

ÉSOPE, *Fables*, trad. fr. C. Terreaux, Arléa, 1997.

GRENIER H., *Les grandes doctrines morales*, « Que sais-je ? », Paris, PUF, 1994.

HEGEL G.W.F., *La raison dans l'histoire*, trad. fr. K. Papaionnou, « 10/18 », Paris, UGE, 1965.

– *Phénoménologie de l'esprit*, trad. fr. J. P. Lefebvre, Paris, Aubier, 1991.

– *Préface et Introduction de la Phénoménologie de l'esprit*, trad. fr. B. Bourgeois, Paris, Vrin, 1997.

– *Principes de la philosophie du droit*, trad. fr. A. Kaan, « Idées », Paris, Gallimard, 1973.

D'HONDT J., *Hegel*, Paris, PUF, 1975.

– *Hegel, Biographie*, « La vie des philosophes », Paris, Calmann-Lévy, 1998.

HUME D., *La Morale, Traité de la nature humaine*, III, trad. fr. M. Malherbe, Paris, Vrin, 2004.

JANKÉLÉVITCH V., *Le Paradoxe de la morale*, Paris, Seuil, 1989.

KANT E., *Anthropologie d'un point de vue pragmatique*, trad. fr. M. Foucault, Paris, Vrin, 1988.

– *Critique de la raison pratique*, trad. fr. J. Gibelin, Paris, Vrin, 1965.

– *Critique de la raison pure*, trad. fr. Tremesaygues et Pacaud, Paris, PUF, 1980.

– *Fondements de la métaphysique des mœurs*, trad. fr. V. Delbos revue par A. Philonenko, Paris, Vrin, 2004.

– *La philosophie de l'histoire*, trad. fr. S. Piobetta, Paris, Denoël-Gonthier, 1980.

– *Le projet de paix perpétuelle*, trad. fr. J. Gibelin, Paris, Vrin, 2002.

– *La religion dans les limites de la simple raison*, trad. fr. M. Naar, Paris, Vrin, 1983.

– *Métaphysique des mœurs*, Deuxième partie, *Doctrine de la vertu*, trad. fr. A. Philonenko, Paris, Vrin, 1985.

– *Opus Postumum*, trad. fr. F. Marty, Paris, PUF, 1986.

– *Réflexions sur l'éducation*, trad. fr. A. Philonenko, Paris, Vrin, 1984.

– *Théorie et pratique, Droit de mentir*, trad. fr. L. Guillermit, Paris, Vrin, 1980.

La Bible, L'école biblique de Jérusalem (dir.), Paris, Le Cerf, 1961.

LA FONTAINE J., *Fables*, Paris, Mame, 1956.

LEIBNIZ G.W., *Essais de Théodicée*, Paris, GF-Flammarion, 1969.

MALEBRANCHE N., *Traité de morale*, Paris, Vrin, 1963.

NIETZSCHE F., *Ainsi parlait Zarathoustra*, trad. fr. A. Goldschmidt, Paris, Le Livre de poche, 1972.

– *Aurore, Pensées sur les préjugés moraux*, trad. fr. J. Hervier, « Idées », Paris, Gallimard, 1974.

– *Ecce Homo*, trad. fr. H. Albert, Paris, Denoël-Gonthier, 1976.

– *L'Antéchrist*, trad. fr. D. Tassel, « 10/18 », Paris, UGE, 1967.

– *La Généalogie de la morale*, trad. fr. H. Albert, « Idées », Paris, Gallimard, 1966.

– *Le Crépuscule des idoles*, trad. fr. H. Albert, Paris, Denoël-Gonthier, 1976.

PASCAL B., *Pensées*, J.-L. Brunschvicg (éd.), Paris, GF-Flammarion, 1964.

PLATON, *Apologie de Socrate, Criton*, trad. fr. L. Brisson, Paris, GF-Flammarion, 1997.

– *Phédon*, trad. fr. M. Dixsaut, Paris, GF-Flammarion, 1991.

– *République*, trad. fr. R. Baccou, Paris, GF-Flammarion, 1966.

RAWLS J., *Individu et justice sociale, autour de John Rawls*, Paris, Seuil, 1988.

– *Justice et démocratie*, trad. fr. C. Audard (dir.), Paris, Seuil, 1993.

RENAUT A., *Kant aujourd'hui*, Paris, Aubier, 1997.

ROUSSEAU J.-J., *Discours sur l'origine et les fondements de l'inégalité parmi les hommes*, Paris, GF-Flammarion, 1971.

– *Du Contrat social*, Paris, GF-Flammarion, 1966.

– *Émile ou de l'éducation*, Paris, GF-Flammarion, 1966.

– *Les Confessions*, t. I et II, Paris, GF-Flammarion, 1968.

RUSS J., *La pensée éthique contemporaine*, « Que sais-je ? », Paris, PUF, 1994.

SAINT AUGUSTIN, *La morale chrétienne*, Bibiothèque augustinienne, vol. I, trad. fr. B. Roland-Gosselin, Paris, Desclée de Brouwer, 1949 ; plus particulièrement dans ce volume, *Le combat chrétien* (*De agone christiano*), et *La nature du bien* (*De natura boni*).

– *Problèmes moraux*, Bibiothèque augustinienne, vol. 2, Paris, Desclée de Brouwer, 1948 : *Le mensonge* (*De mendacio*), *Contre le mensonge* (*Contra Mendacium*) et *La Patience* (*De patientia*).

– *La cité de Dieu*, trad. fr. G. Combès, Bibiothèque augustinienne, vol. 33-37, Paris, Desclée de Brouwer, 1980-1981.

SCHOPENHAUER A., *Éthique et politique*, trad. fr. A. Dietrich, revue par A. Kremer-Marietti, Paris, Le livre de poche, 1991.

– *Le monde comme volonté et représentation*, trad. fr. G. Burdeau, Paris, PUF, 1966.

– *Sur la religion*, trad. fr. É. Osier, Paris, GF-Flammarion, 1996.

Socrate pour tous, J. Ferrari, P. Kemp, D. Evans et N. Robinet-Bruyère (dir.), Paris, Vrin, 2003 ; particulièrement, l'article de J. Ferrari, *La leçon de Socrate*, p. 208-219.

SPINOZA B., *Court Traité* et *Traité de la réforme de l'entendement*, trad. fr. Ch. Appuhn, Paris, GF-Flammarion, 1964.

– *Éthique*, trad. fr. Misrahi, « Bibliothèque de la Pléiade », Paris, Gallimard, 1965.

– *Lettres*, trad. fr. Ch. Appuhn, Paris, GF-Flammarion, 1966.

– *Traité théologico-politique*, trad. fr. Ch. Appuhn, Paris, GF-Flammarion, 1965.

STAROBINSKI J., *La transparence et l'obstacle*, Paris, Gallimard, 1971.

– *Le Remède dans le mal, critique et légitimation de l'artifice à l'âge des Lumières*, Paris, Gallimard, 1989.

Les Stoïciens, trad. fr. É. Bréhier, « Bibliothèque de la Pléiade », Paris, Gallimard, 1962 et *Les Stoïciens*, t. I et II, « Tel », Paris, Gallimard, 1997.

WEBER M., *L'Éthique protestante et l'esprit du capitalisme*, trad. fr. J. Chavy, Paris, Plon, 1969.

– *Le savant et le politique*, « 10/18 », Paris, UGE, 1963.

WEIL É., *Philosophie morale*, Paris, Vrin, 1992.

TABLE DES MATIÈRES

PREMIÈRE PARTIE
LES BÂTISSEURS DE MORALE

Introduction	9
Chapitre I : Le « retour » de la morale ?	15
L'urgence de l'action	15
Morale et politique	17
Morale et religion	21
Une morale universelle est-elle possible ?	25
Personne humaine et projet existentiel	27
Chapitre II : La sagesse grecque	31
Bonheur et mesure	31
Praxis et vertu	34
Le savoir du bien	37
Entre Jardin et Portique	39
Chapitre III : Christianisme et modernité	47
Nouvelles catégories mentales	47
La question du salut	49

La sagesse de l'amour 52
L'imitation en morale 53
Sainteté et progrès 57

DEUXIÈME PARTIE
MORALE SANS MORALISMES

Introduction.. 65

Chapitre I : Au nom de la loi 69
    La prescription.. 69
    Imputabilité et responsabilité............................. 72
    Le respect 74
    Loi du cœur et loi de volonté 78

Chapitre II : Au nom de la vie 85
    Au-delà du bien et du mal.................................... 85
    « Deviens ce que tu es » 91
    Dionysos en face du Crucifié 96
    De la morale close à la morale ouverte................ 98
    Animalité politique, animalité éthique................ 102

Conclusion 103
    La morale, activité de service ?............................ 105
    Socrate : la morale dans la cité............................ 107

Glossaire 113
Bibliographie 117
Table des matières 123

HISTOIRE DE LA PHILOSOPHIE EN POCHE
À LA MÊME LIBRAIRIE

ALQUIÉ F., *La conscience affective*, 286 pages, 1979

BESPALOFF R., *Cheminements et carrefours*, 256 pages, 2004

BOUGEROL J. G., *Introduction à saint Bonaventure* , 304 pages, 1988

BRYKMAN G., *La judéité de Spinoza* , 136 pages, 1972

DAGOGNET F., *L'animal selon Condillac*, 160 pages, 2004

DE LIBERA A., *Albert le grand et la philosophie*, 296 pages, 1990

DIXSAUT M., *Métamorphoses de la dialectique dans les dialogues de Platon*, 384 pages, 2001

FRAISSE J.-C., *Lœuvre de Spinoza*, 384 pages, 1978

GILSON É. *Héloïse et Abélard*, 216 pages, 1997

GOLDSCHMIDT V., *Le paradigme dans la dialectique platonicienne*, 144 pages, 1985

GOUHIER H., *La vie d'Auguste Comte*, préface d'A. Petit, 248 pages, 1997

Le thââtre et l'existence, 224 pages, 1991

L'essence du thâ tre, 208 pages, 2002

HADOT P., *Wittgenstein et les limites du langage*, 128 pages, 2004

LECOURT D., *Lé pistémologie historique de Gaston Bachelard*, préface de G. Canguilhem, 128 pages, 2002

MALHERBE M., *La philosophie empiriste de David Hume*, 384 pages, 2001

PHILONENKO A., *Lœ uvre de Kant, La philosophie pré-critique et la critique de la raison pure*, t. 1, 356 pages, 1969

Lœ uvre de Kant, Morale et politique, t. 2, 292 pages, 1972

Lœ uvre de Fichte, 226 pages, 1984

LÉ cole de Marbourg, Cohen – Natorp – Cassirer, 208 pages, 1989

PICLIN M., *Les philosophies de la Triades ou l'histoire de la structure ternaire*, 244 pages, 1980

RODIS-LEWIS G., *Lœ uvre de Descartes*, 2 vol., 576 pages, 1971

VIGNAUX P., *La philosophie au Moyen Âge*, introduction et bibliographie de R. Imbach, 336 pages, 2004

ACHEVÉ D'IMPRIMER
EN OCTOBRE 2004
PAR L'IMPRIMERIE
DE LA MANUTENTION
A MAYENNE
FRANCE
N° 339-04

Dépôt légal : 4ᵉ trimestre 2004